세창

# 꾸러기들의 발명잔치 ②

왕연중 지음

세창출판사

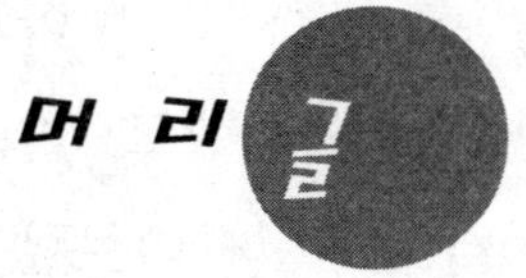

21세기는 발명의 시대입니다.

드디어 21세기, 새로운 천년이 열렸습니다.

농경사회와 산업사회를 지나 정보화사회, 지식사회가 20세기 말부터 열리기 시작하면서 지구촌은 발명의 열기로 뜨겁게 달아올라 있습니다.

발명이 개인의 성공여부는 물론 선진국과 후진국도 판가름하고 있기 때문입니다.

학생의 경우 발명을 잘 하면 대학특례입학이 가능하고, 취업의 문도 활짝 열려 있습니다.

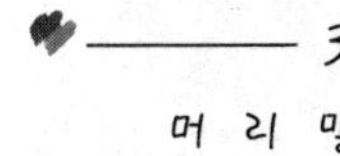 3

머 리 말

특허청이 지난 1987년부터 전국 초·중·고·대학교에 설치를 권장해 온 발명반도 이제 1만 개에 육박했고, 발명꿈나무 10만 명 양성운동도 그 목표를 달성하기에 이르렀습니다.

1999년 한 해 동안 열린 각종 발명관련 전시회와 경진대회에 응모한 학생이 10만 명을 돌파했다는 뉴스는 지구촌을 깜짝 놀라게 하기도 했습니다.

이는 선진국으로 불리는 미국과 일본에서도 전례가 없는 사실로 21세기는 우리 나라가 지구촌의 중심에 우뚝 설 것이 확실시되고 있습니다.

21세기 지구촌의 주역이 될 발명꿈나무들. 그들은 이 순간에도 초롱초롱한 눈동자로 사물을 관찰하고, 예리한 창의력과 사고력으로 발명왕의 꿈을 키우고 있습니다.

이 책은 바로 그들 중의 몇몇 학생을 주인공으로 선정, 그들의 이야기를 책으로 엮은 것입니다.

주인공인 영인이와 호진이, 그 일가친척 및 선생님과 친구들 사이에서 벌어지는 발명이야기는 모든 독자들을 발명의 세계로 이끌어 줄 것입니다.

영인이와 호진이는 어느 가정이나 학교에서 만날 수 있는 지극히 평범한 남매입니다.

이는 누구나 발명가가 될 수 있음을 말하고 있습니다.


머 리 말

　요즘 발명이란 국어사전의 정의처럼 "전에 없던 것을 새로 생각해 내거나 만들어 냄"이 아니라 "보다 아름답게, 보다 편리하게"입니다.

　특허법상 이미 나와 있는 발명품도 보다 아름답게 하면 의장 출원이 가능하고, 보다 편리하게 하면 특허 또는 실용신안 출원이 가능하기 때문입니다.

　이 때문에 최근 들어서는 많은 학생 발명가들이 탄생하고 있는 것입니다.

　전국의 사랑하는 학생 친구들이여, 우리 모두 발명가가 됩시다.

2000년 2월

왕연중 씀

# 차 례



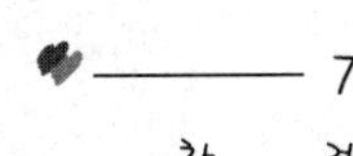

# 상추와 오동나무 잎

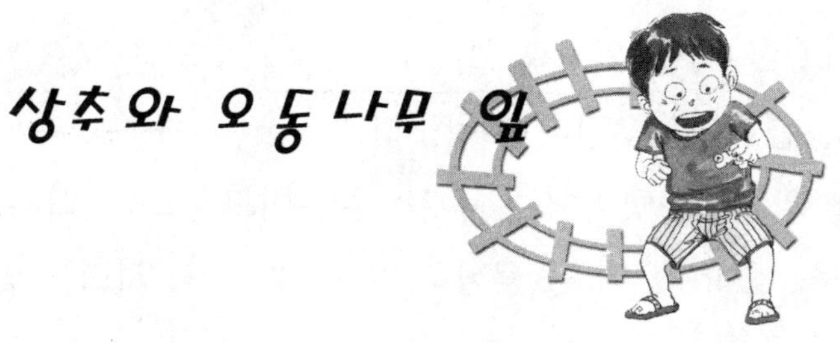

 

영인이는 여름이면 시골에서 혼자 농사를 지으며 살고 계신 할머니를 생각하느라 잠을 잘 이루지 못할 때가 있다.

2년 전 여름, 논에 농약을 치다가 쓰러지신 할머니의 모습을 본 충격 때문이다.

영인이 아버지는 공무원으로 수원시에 발령을 받아 근무하시고, 어머니 또한 문구점을 운영하시는 터인데 2년 전 봄에 할아버지가 돌아가셔서 혼자 되신 할머니는 절대로 고향을 떠날 수 없다시며 여전히 익산에서 농사를 짓고 계신다.


영인이는 지난해부터는 두 살 아래인 동생 호진이와 함께 기차를 타고 할머니 댁에 갔다.

지난 여름, 시골에 내려갔을 때 할머니는 텃밭에서 상추를 뜯고 계셨다.

"할머니! 저희들 왔어요."

"오냐, 영인아! 호진이도 왔구나."

할머니의 집 앞 텃밭에는 상추는 물론이고, 고추, 배추, 쑥갓, 아욱, 호박, 오이 등 싱싱한 야채들이 쑥쑥 자라고 있었다. 모두 무공해 식품들이다.

할머니는 농약중독 사고가 난 뒤부터 농약을 뿌리는 일이 없고, 나쁜 벌레는 거의 다 손으로 잡아냈다. 그래서 영인이와 호진이도 배추벌레를 손으로 잡아내며, 텃밭의 채소들을 솎을 수 있었다.

호진이는 배추 이파리에서 배추벌레 한 마리를 잡아내

꾸러기들의 발명잔치 2

고는 상추 줄기를 하나 뜯어, 하얗게 나오는 유액을 장난 삼아 배추벌레의 머리에 떨어뜨려 보았다. 그러자 신기하게도 배추벌레는 괴로운 듯 몸을 뒤틀기 시작했다.

"누나야, 이 배추벌레 좀 봐!"

상추를 뜯던 영인이가 호진이 옆으로 다가왔다.

"호진아, 왜 그래?"

"이 배추벌레가 상추 유액을 뒤집어쓰고는 죽어간다."

"그래? 아이 징그러워! 그렇지만 상추에 독성이 있나 봐."

영인이와 호진이는 신기하다는 표정으로 배추벌레의 움직임을 관찰했다.

그러자 할머니가 배낭처럼 등에 짊어진 꾸러미를 내려 놓으시며 말씀하셨다.

"얘들아, 뭐 하니?"

"배추벌레가 상추의 진을 먹고 죽어가고 있어요. 그런데 할머니 그 꾸러미는 뭐에요? 신기한대요."

"오라, 호진이는 잘 모르는구나. 작년 여름에 영인이가 만들어다 준 보자기 배낭이란다."

"보자기 배낭요?"

반문하는 호진이의 얼굴을 향해, 영인이가 의미심장하게 미소하며 말했다.

"호진아, 보자기도 되고 배낭도 된다는 뜻이야. 왜, 농촌에서 아줌마들이 고추를 따거나 깻잎을 뜯고, 콩이나 가지를 딸 때 허리에 보자기를 두르고 양끝을 뒤집어 올려 허리춤에 매어 사용하잖아. 그런데 그것이 꽉 차면 운반하는 데 어려움을 겪게 되거든. 그래서 아예 배낭처럼 사용할 수 있도록 위아래에 지퍼를 달고, 색처럼 끈을 달아 배낭으로도 이용할 수 있게 했지. 참! 할머니. 사용하시기는 어때요?"

"물론 편리하지. 그런데 동네 아주머니들이 이걸 보고 욕심을 내서 아예 만드는 법을 가르쳐 주었단다."

할머니의 보자기 배낭을 요모 저모로 살펴보던 호진이가 눈을 반짝이며 감탄사를 연발했다.

"이야, 아이디어가 기발한데!, 정말 대단한 솜씨야!"

"무얼, 그 정도야 보통이지."

얼굴을 복숭아빛으로 물들이며 영인이가 말하자 호진이가 너스레를 피웠다.

"뭐야? 이 정도가 보통이면 또 다른 발명품이라도 있다는 거야 뭐야?"

"물론이지."

"뭣? 정말이네, 누나, 빨리 보여줘잉."

호진이가 안달을 하자, 옆에서 둘의 이야기를 듣고 계시



꾸러기들의 발명잔치 2

던 할머니가 말했다.

"오라, 호진이는 올해 처음 와서 내 안방에 있는 영인이의 또다른 걸작품을 잘 모르는구나. 이제 그만하고 가자."

"누나의 또다른 걸작품이라고요?"

벌써 밭고랑을 지나, 앞을 서고 계신 할머니의 뒤를 따르며 호진이 소리쳤다.

집에 도착한 할머니는 보자기 배낭에서 옥수수, 고구마, 고추, 깻잎, 상추 등을 꺼내 영인이의 도움을 받으며 고구마를 씻고, 옥수수 껍질을 벗기셨다.

그 사이 할머니의 방으로 뛰어 들어간 호진이가 밖을 향해 큰 소리로 말했다.

"누나, 정말 근사한 옷걸이야!"

호진이가 보고 놀란 것은 폐품을 이용한 옷걸이였다.

2년 전, 들에서 돌아온 할머니는 옷을 벗어 옷걸이에 걸다말고, 가볍게 한숨을 내쉬며 말씀하셨다.

"다음 장에는 옷걸이를 꼭 사야지."

무심코 돌아본 영인에게 걸쇠는 거의 다 빠지고 기둥만 남은 옷걸이가 눈에 띄었다. 그래선지 할머니는 옷을 들고 걸 만한 곳을 찾고 계셨지만 마땅찮은 표정이셨다.

그런 할머니와 앙상한 옷걸이를 번갈아 바라보던 영인



상추와 오동나무 잎

이는 잠시 생각에 잠겼다.

　'할아버지께서 안 계시니까, 걸쇠만 박으면 쓸 수 있는 옷걸이도 제대로 고치지 못해 버려야 하는구나. 무슨 좋은 방법이 없을까?'

　잠시 후, 영인이는 창고에 들어가 폐품상자를 뒤적여 칫솔, 톱, 송곳, 망치, 못 등을 찾아냈다. 그리고 칫솔대만을 잘라 손잡이 끝에 구멍을 뚫어 놓고, 불에 달구어 일정한 각도로 휜 다음 각목에 간격을 두어 못으로 박았다.



꾸러기들의 발명잔치 2

훌륭한 옷걸이가 완성된 것이다.

"아니? 이게 웬 거여?"

저녁에 들에서 돌아와 옷을 벗어들고 옷걸이를 찾으시던 할머니는 입이 함박꽃처럼 벌어져서 좀체 다물 줄을 모르셨다.

그렇게 기뻐하시던 할머니께서 쓰러지신 것은 이틀 후 들에 농약을 치러 가셨다가 집으로 돌아오시던 길에서였다.

영인이는 할머니께서 쪄놓으신 옥수수와 감자를 먹으며 마루에 앉아 동화책을 읽고 있었다. 그런데 저녁 무렵, 옆집에 사시는 동네 이장님이 헐레벌떡 찾아오셨다.

"영인아, 너의 할머니가 병원으로 실려 가셨단다. 어서 가 보자."

"예? 할머니께서 병원에요? 왜요?"

"농약을 뿌리시다가 중독되셨나 봐."

영인이는 급히 수원에 계신 아버지께 연락을 드리고, 병원으로 달려갔다.

다행히 할머니는 그리 심하게 중독되지 않아 곧 깨어나셨지만, 집안 식구들이 놀라고 당황한 것은 말할 것도 없다. 아빠와 엄마가 수원에서 익산까지 달려오시고, 영인이의 가슴은 놀란 토끼처럼 두근거리는 증상까지 생겼었다.


상추와 오동나무 잎

그 후, 영인이 부모님은 할머니께서 농사짓는 것을 극구 말리셨고, 수원에 올라와 함께 살자고 했지만 할머니의 고집을 꺾지는 못하셨다.

할머니와 영인이, 호진이는 고구마와 옥수수를 먹으며 밤늦도록 지난날의 이야기를 나누었다.


다음 날 아침, 영인이는 급히 화장실로 뛰어갔다가 자신도 모르게 기겁을 하여 밖으로 나왔다.

"끄아악! 이게 뭐야?"

"어제 저녁 고구마와 옥수수를 그렇게 먹더니, 당연한 결과지."

호진이가 멀뚱한 시선으로 놀려대자 영인이가 말했다.

"그게 아냐, 호진아, 구더기들이 발판까지 기어 나와 마구 기어 다녀."

할머니 댁 화장실은 농사를 짓기 때문에 아직까지 재래식으로 되어 있었다.

"구더기들이 나왔어? 호진아, 집 옆에 있는 오동나무 잎을 몇 장 따다 넣어 봐라. 내일 아침이면 다 죽을 게다."

"오동나무 잎을요?"

호진이는 할머니의 말씀대로 아름드리 오동나무에서 커다란 잎을 몇 장 따다가 변기에 넣었다.



꾸러기들의 발명잔치 2

다음 날, 화장실에 갔던 영인이는 또다시 비명을 지르며 튀어나왔다.

"크아악, 구더기들이 몽땅 죽었어."

"뭐? 그럼 됐지. 왜 또 호들갑이야."

호진이가 얼굴을 찌푸리며 영인이를 향해 어른처럼 나무랐다.

"그게 아니라. 너무 징그럽다. 아휴."

그 순간 영인이의 머릿속으로 번개처럼 지나가는 한 생각이 있었다.

"참, 호진아 지난번에 배추벌레는 상추 잎 때문에 죽었었지?"

"그래, 그랬었어. 왜?"

"구더기는 오동잎, 배추벌레는 상추 잎에 꼼짝을 못한다 이거잖아. 그렇다면 농약 대신 식물들로, 몸에 해롭지 않은 천연 살충제를 만들 수 있지 않을까 해서……."

영인이가 머쓱한 표정으로 양어깨를 으쓱해 보이며 말했다.

"천연 농약? 그거 좋겠네. 정말 우리 누나 머리 하나는 끝내준다."

"그럼 할머니께서 농약을 하시다가 쓰러지실 일도 없을 테고……."



상추와 오동나무 잎

그제서야 마루 끝에 앉아 고구마순 껍질을 벗기시던 할머니께서 손을 멈추시고 말씀하셨다.

"오, 우리 영인이가 이 할미 때문에 걱정을 많이 했던 게로구나."

"아무튼 농약은 우리 몸에 해롭다니까요."

"그래, 누나의 말이 맞아. 우리 한번 연구해 볼까?"

그 때부터 영인이와 호진이는 농촌에서 나는 갖가지 이로운 곤충과 해로운 벌레, 그리고 주변의 독성 있는 식물에 대한 관찰과 연구를 시작했다.


"자, 이 정도면 되겠지? 누나!"

어느 날, 호진이와 영인이는 배추밭으로 나가 배추벌레를 잡았다.

"응, 한 20마리는 되겠어. 꿈틀거리는 모습을 보니 닭살이 돋으려고 해."

"좋아, 이제 실험을 해볼까?"

영인이는 상추를 끓여 삶은 물에 배추벌레를 넣어 보았다. 상추를 삶는 시간에 간격을 두자, 다소의 차이는 있었지만 2~3시간 안에 배추벌레들은 모두 죽었다.

"정말 신기하다. 이젠 상추를 물에 끓이지 말고, 상추즙을 직접 짜내서 실험해 보자."

상추와 오동나무 잎

"알았어. 누나! 내가 뜯어 올게."

영인이와 호진이는 상추를 찧어 얻은 생즙을 그릇에 담아놓고 배추벌레를 넣었다. 그러자 상추를 뜯으면 바로 나오는 하얀 유액을 발랐을 때처럼 20~30분 안에 배추벌레들이 모두 죽었다.

"호진아, 그래도 조금 불쌍하다. 그지?"

몸을 뒤틀며 괴로운 듯 꿈틀대다 죽어 가는 배추벌레들을 보며 영인이가 말했다. 호진이 그런 누나에게 대꾸했다.

"언제는 징그럽다더니, 여자들 변덕은 알아줘야 해."

그 때 마침 손자손녀의 행동을 지켜보시던 할머니께서 말씀하셨다.

"그것 참 별일이다. 내년에는 배추밭에 상추를 섞어서 심어봐야겠구나."

"할머니, 정말 좋은 생각이에요."

실험을 끝낸 호진이와 영인이는 실험과정과 결과를 일일이 기록했다.


"자, 다음에는 상추를 말린 가루로 실험해 보자."

따가운 여름 햇볕에 바삭바삭 말린 상추를 쇠절구에 찧어 가는 체로 치자 고운 상추가루가 되었다. 그 상추가루를 그릇에 고루 깔고, 배추벌레를 넣자 10~15분 사이에 모두



꾸러기들의 발명잔치 2

죽었다.

"누나, 전멸이야! 상추를 가루로 만들어서 배추밭에 뿌리면 배추벌레가 다 죽겠어. 다른 농약처럼 사람에게 해롭지도 않을 테고."

"그렇구나. 잘하면 인체에 해롭지 않은 농약을 만들 수도 있겠어."

호진이와 영인이는 뜻밖의 결과에 자신들도 놀랐다.

"그래, 예로부터 우리 조상들은 농약이 없어도 농사를 잘 지었었지. 좀더 연구하면 천연농약을 만들 수도 있겠구나."

어느 틈에 들어오셨는지 이 과정을 지켜보신 할머니는 먼 하늘을 보며 말씀하셨다.

하늘은 맑고, 햇볕은 따갑고, 들판을 가로지르는 시원한 바람은 곡식들의 낱알이 꽉 채워지기를 바라기라도 하듯 제 역할을 다하는 오후였다.

"할머니, 잠시만 더 기다리세요. 상추가루, 오동잎 그리고 또 다른 식물들을 관찰해 보면 좋은 결과가 있을 것 같아요."

영인이와 호진이가 오동나무, 측백, 무화과, 수양버들, 은행, 소태나무, 석류, 복숭아나무, 미나리아재비, 독미나리, 아카시아, 할미꽃 등으로 독성을 실험하는 사이 어느덧 여름방학도 끝나고 새로운 학기가 시작되고 있었다.



상추와 오동나무 잎

영인이와 호진이의 마음은 벌써부터 설레기 시작했다.

이번 여름방학에는 아빠께서 꼭 휴가를 내어, 그 동안 미뤄 온 외갓집에서의 피서계획을 약속하신 때문이었다.

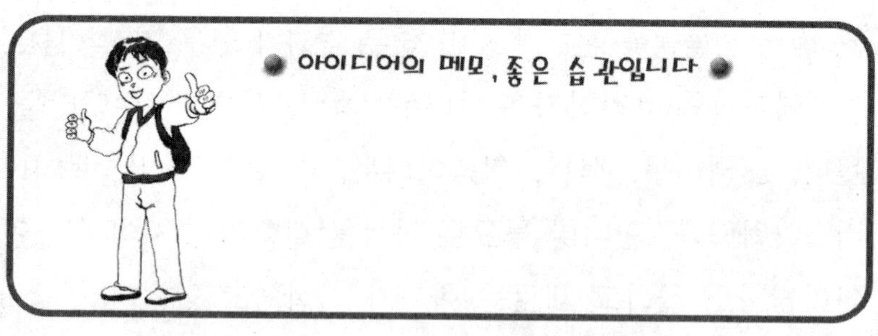



꾸러기들의 발명잔치 2

# 괴짜들의 여름방학

"이얏호, 여름방학이다."

호진이는 학교에서 집으로 돌아오자마자 책가방을 소파 위에 던져 놓으며 소리를 질렀다.

"방학이 그렇게도 좋으니? 나는 너희들과 씨름할 것을 생각하면 벌써부터 걱정이 태산이다. 에구구 쯔쯔."

주방에서 커다란 양푼에 미숫가루를 풀어 저으시던 호진이 어머니는 자못 심란한 표정으로 혀를 끌끌 찼다.

그 때, 방문을 밀며 중학교 1학년이 된 누나가 천연덕스럽게 능청을 떤다.

"엄마, 저는 아니지요? 빵긋!"

그러면서 검지 손가락을 볼에 대고 하얀 치아를 드러내며 웃는 시늉을 하는 영인의 모습에, 호진이는 얼른 손을 입가로 가져가 토하는 시늉을 했다.

"우웩, 밥맛이야! 엄마, 저 곰살궂은 내숭보다는 이 괴짜가 그래도 훨씬 낫지요?"

"뭐야? 아이구 이 녀석들, 또 시작이구나. 내숭이고 괴짜고 정신없으니까, 얼른 이 미숫가루 마시고 들어가서 짐이나 챙겨라."

"히히히, 알았어요. 엄마!"

호진이와 영인이는 후다닥 식탁 앞으로 가 마주 앉았다.

유리 글라스 안에 넘실대는 미숫가루 물을 마시고, 그 위에 둥실 떠 있는 얼음을 입안에 넣어 우지직 깨물며 호진이가 먼저 입을 열었다.

"누나, 내일부터 휴가라니까 정말 좋다. 그지?"

그러자 영인이 빈정대는 투로 말했다.

"네까짓 게 무슨 휴가니? 휴가가?"

"쏙떡같이 말하면 찰떡같이 알아들어야지. 누가 내 휴가랬어? 아빠 휴가라는 말이지. 덕분에 우리는 신나는 여행을 떠나게 되는 거고."

"그거야 그렇지만."

그제서야 다소곳해진 영인이의 얼굴에 미소가 피어올랐다. 출렁대는 하얀 파도, 끝없이 뽀드득대는 모래사장, 그리고 푸른 물 속에서 쉴새없이 몸을 파닥거리며 헤엄쳐 다니는 물고기 등 피서지에서의 아름다운 풍경들을 떠올린 것이



꾸러기들의 발명잔치 2

다.

"누나, 뭐해? 빨랑 마시고 배낭에 짐을 챙겨야 하잖아!"

"알았어!"

영인이가 자리에서 벌떡 일어나자, 호진이도 덩달아 몸을 일으켜 세웠다.

지루하던 장마가 끝나고, 유난히 따가운 햇살에 무덥기만 한 여름방학을 부모님과 함께 외할머니가 계시는 강릉에서 보내기로 한 호진이네 가족은 이렇게 설레는 마음으로 여행가방을 꾸렸다.


드디어 호진이네 가족은 자동차 트렁크에 선물꾸러미와, 짐들을 가득 싣고 떠날 채비를 했다.

"자, 빠진 것 없지? 문단속은 잘 했고?"

핸들을 잡고, 운전석 백미러로 식구들의 표정을 살피며 확인하시는 아버지의 말씀에 호진 어머니는 길게 콧소리를 냈다.

"음네에- 출바알!"

도시의 빌딩 숲과, 매연으로 가득 찬 메케한 거리, 그리고 자동차와 사람으로 범벅이 되어 북적거리는 도시를 벗어나, 고속도로에 진입하자 제일 먼저 눈에 들어온 것은 파란 하늘이었다.

“와, 저건 곰 발바닥 구름이야!”

호진이는 눈앞으로 펼쳐진 구름의 모양에 환호하며, 호들갑을 피웠다.

“뭐, 곰 발바닥? 새털 구름, 뭉게구름, 코끼리 구름 등의 말은 들었어도 곰 발바닥 구름이란 말은 처음 듣는다. 어디야? 어디!”

차창 밖으로 휙휙 지나가는 산과 들을 하염없이 바라보며 콧노래를 부르던 어머니가 호진이를 돌아보며 물었다.

“제가 발견한 구름이에요. 작년에 바다 위에 떠 있었어요.”

“그래? 내가 보기엔 산봉우리 같은데…….”


호진이네 가족이 여주 휴게소에서 내려 맛있는 점심을 먹고, 원주를 지나 주문진에 도착한 것은 늦은 오후였다.

“음, 이 짠 냄새! 바다가 바로 코앞이군…….”

호진이 외할머니 댁은 주문진에 있었다.

“어서들 오너라. 차가 많이 밀리지 않았니?”

마당의 수돗가에서 생선비늘을 벗기시던 외할머니는 젖은 손을 앞치마에 닦으며 호진이네 가족을 반갑게 맞이했다.

“엇? 내가 만든 비늘깎개를 아직도 쓰고 계시네.”



꾸러기들의 발명잔치 2

　호진이는 작년 이맘때 와서 만든 비늘깎개가 아직도 건재한 것이 신기하다는 듯 수돗가에서 걸음을 멈추었다.

　주문진은 배가 드나드는 포구가 있고 동해 바다가 끝도 없이 펼쳐 있어, 오징어, 황태, 문어, 새치, 성게, 해삼 등 해산물들이 마구 쏟아지는 곳이다.

　그런데 호진이가 4학년이던 작년 이맘 때, 여름방학을 맞이하여 주문진에 도착한 호진이는 생선을 다듬다가 가시에 찔려 손에서 피를 흘리시는 외할머니의 모습을 보게 되었다.

　"엇? 이 피! 외할머니, 괜찮으세요?"

　"응, 괜찮다. 너희들이 온다기에 생선찌개를 끓이려고, 생선비늘을 벗기는데 너무 급히 서둘렀더니 그만……."

그 때 호진이는 생각했다.

'음, 외할머니는 언제나 생선비늘을 벗기고 계셨어. 그런데 대부분 손가락을 싸매고 계셨던 이유가 있었구나. 어떻게 하면 손을 다치지 않고 쉽게 비늘을 벗길 수 있지?'

그러다가 눈에 띈 것이 윗마당의 장독대 옆에 수북히 쌓아둔 음료수 병 뚜껑이었다.

'그래, 바로 저걸 이용하면 되겠어.'

호진이는 나무판에 병뚜껑을 일일이 못으로 박고, 손잡이를 달아 외할머니께 드렸다.

"외할머니, 이것으로 생선비늘을 벗겨 보세요."

호진이의 발명품을 시험삼아 사용해 보신 외할머니는 "정말 비늘도 잘 벗겨지고 안전해서, 이제 손을 다칠 염려가 없겠구나"하고 좋아하셨던 것이다.


"얘들아, 뭐하니? 빨리 와서 외할머니 외할아버지께 절하지 않고……."

어머니의 부름에 호진이는 방으로 들어가, 외할아버지 외할머니 앞에 넙죽 엎드렸다.

"외할아버지, 외할머니, 만수무강하세요. 히."

"오냐, 먼길 오느라고 수고했다."

호진이와 영인이는 건넛방에 짐을 풀어놓고 다음 날 아



꾸러기들의 발명잔치 2

침 바닷가로 나갈 준비를 했다.

"자, 준비되었지?"

외사촌 형 성수의 말에 호진이는 갑자기 소리를 지르며 집 뒤로 돌아갔다.

"자……잠깐……잠깐만!"

"쟤가 또 왜 저러지?"

영인이는 사뭇 궁금하고, 어리둥절한 표정을 지어 보이며 중얼거렸다.

잠시 후, 집 뒤에서 나타난 호진이의 손에는 이상한 것이 들려 있었다. 얼핏 보면 비료포대 같기도 하고, 비닐 자루 같기도 한 것이 고무풍선처럼 부풀려져 있었다.

"호진아! 그게 뭐니?"

성수가 의아한 표정으로 묻자, 호진이는 싱긋 웃으며 대답했다.

"으응, 내 비상용 발명품! 바다에서 써먹으려고 준비해 두었는데 가서 보면 알아! 형, 이젠 가도 돼!"

이상한 그것을 옆구리에 끼고, 타박타박 앞장을 서서 마당을 빠져나가는 호진이의 뒤를 성수와 영인이, 그리고 대학에 다니는 막내외삼촌이 멀찌감치 서서 따랐다.


바닷가에 있는 해수욕장은 외할머니의 집에서 그리 멀

지 않은 곳에 있었다.

"우와! 꿈에 그리던 바다야! 너를 보려고 내가 왔다."

영인이는 신발을 벗어들고, 맨발로 모래사장을 내달리며 큰 소리로 말했다.

끝없는 수평선 너머에서부터 육지를 향해 쉴새없이 달려드는 하얀 파도를 따라 뛰어나갔다가, 물살에 떠밀리며 파도타기를 즐기는 사람들이 와와 소리를 내지르는 속으로 튜브를 든 영인이가 제일 먼저 뛰어들었다.

"푸하아, 아푸! 정말 재미있다."

그런데 한참 후, 수영 팬티로 갈아입은 호진이가 어디선지 그 괴상한 비닐 포대를 들고 유유히 나타났다.

"어! 저 괴짜 좀 봐."

성수의 말에 막내 삼촌, 영인이가 뒤를 돌아보았을 때는 산더미만한 파도 속으로 몸을 감춘 호진이가 자루 같은 것 위에 납작하게 엎드려 파도를 따라 몸을 드러냈을 때였다.

"히히히, 푸하와, 요건 몰랐지?"

"아니? 저, 저 괴짜!"

호진이가 비상용 발명품이라고 소개한 그 이상한 물건은 사실 식구들이 다 잠든 전날 밤에 혼자서 몰래 만든 것이었다.

자칭 '맥가이버'라고 생각하는 호진이가 깜빡 잊고, 자신



꾸러기들의 발명잔치 2

의 튜브를 가져오지 않았다는 것을 안 것은 배낭 속의 짐을
풀면서였다.

'아차! 가장 중요한 튜브를 책상 위에 놓고 그냥 왔네.
누나한테 말하면 꿀밤을 줄 테고, 엄마께 말씀드리면 꾸중
을 하실 테고……. 무슨 좋은 방법이 없을까?'

집 안팎을 맴돌며 생각에 잠겨 있던 호진이는 창고 구석
에 쌓여 있는 패트병과, 비닐, 그리고 비료포대 등을 발견했
다.

'옳지! 바로 저거로군. 역시 나는 천재야, 후후후.'

음흉한 웃음으로 자신의 생각을 감춘 호진이는 식구들
이 다 잠든 틈에 몰래 창고로 나가 불을 켜고, 패트병을 굴
비처럼 묶고, 단단히 엮어 나갔다.

그것에 비료포대를 씌워 주둥이를 불로 녹여 붙이자, 훌륭한 수영용 튜브가 된 것이다.

파도타기는 정말 재미있어서 해가 지는 줄도 모르고 실컷 놀았다.

"얘들아, 이제 그만 가자. 물살이 세서 몸살날 텐데……."

막내삼촌이 몇 번이나 재촉해서야 호진이 일행은 자리를 떴다.


새파란 바다를 뒤로 하고, 다시 외할머니 댁 안마당에 들어섰을 때 어머니는 빨랫줄에 널어놓았던 빨래를 걷고 계셨다.

"이제들 오니? 감자랑 옥수수 쪄놓았으니까, 안에 들어가서 먹어라."

"예 엄마, 그런데 못 보던 빨랫줄이네요."

영인이가 고개를 갸웃거리며 묻자, 어머니는 빙긋이 웃으며 말했다.

"너 모르고 있었니? 이건 호진이가 외할머니 드리려고 몇 달을 걸려서 만든 선물인데."

"그래요? 어디 자세히 볼까?"

영인이는 빨랫줄 가까이 다가가서 살펴보다가 갑자기



꾸러기들의 발명잔치 2

괴짜들의 여름 방학

싱겁다는 투로 말을 내뱉었다.

"에계? 이건 볼펜 껍데기, 사인펜 뚜껑이잖아! 그런데 이걸 언제 다 모았지?"

"응, 석 달밖에 안 걸렸어, 누나."

"이 많은 것을 다 모으는데?"

"그래, 학교, 동사무소, 유치원 등을 돌며 수집했지."

그러다가 호진이는 갑자기 목소리의 톤을 가늘게 바꾸어 지하철에서 안내 방송을 하는 안내원처럼 말했다.

"이 빨랫줄로 말할 것 같으면, 겉으로 보기에는 나일론 끈에 볼펜껍데기를 뒤집어씌운 보잘것 없는 발명품 같지만, 나일론 끈을 감싸주므로 수명이 길어지고, 먼지를 잘 타고 쉽게 갈라지는 빨랫줄보다 더 깨끗하게 쓸 수 있으며, 빨래를 걸을 때 살짝만 잡아당기면 롤러 역할을 해주어 빨래가 스르르 내려오므로 특히 노약자, 이 엑스(EX), 예를 들면 우리 외할머니 같은 분이 사용하는 데 편리하게 되겠습니다. 녜!"

"그 말을 듣고 보니 정말 당근이다. 우리 호진이는 정말 엉뚱해!"

영인이가 어머니 뒤에서 입을 떡 벌리고 서 있는 사이, 호진이는 안으로 냅다 뛰어들며 말했다.

"이제 옥수수와 감자는 몽땅 내 꺼!"



꾸러기들의 발명잔치 2

“뭐? 저런 욕심꾸러기! 안 돼.”

부리나케 호진이의 뒤를 따르는 영인의 뒷모습을 멍하니 바라보시던 어머니는 슬며시 터져 나오는 웃음을 이슬처럼 머금고 서 계셨다.

성수와 막내 삼촌도 천천히 안으로 들어서며 던지듯 말했다.

“정말 괴짜야! 어디서 그런 생각을 했을까? 외할머니를 돕겠다는…….”

“아마, 영화를 많이 봐서 그런 것 아닐까요? 외삼촌.”

자신의 주먹보다 두 배는 커다란 감자와, 팔뚝만한 옥수수로 하모니카를 불며 또 호진이는 눈을 번뜩였다.

'내일은 소금강에 가서 고기를 잡자고 해야 하겠는데……. 아니지, 외삼촌을 졸라서 바다 낚시를 가자고 할까? 외할아버지를 졸라 오징어 잡이를 갈까? 그러면 잠을 못 잘 테고……. 무엇부터 하지? 갈등 생기네.'

점점 어두워지는 마당 위로 이슬이 슬슬 내리기 시작했다.



괴짜들의 여름 방학

# 여름 바다의 추억

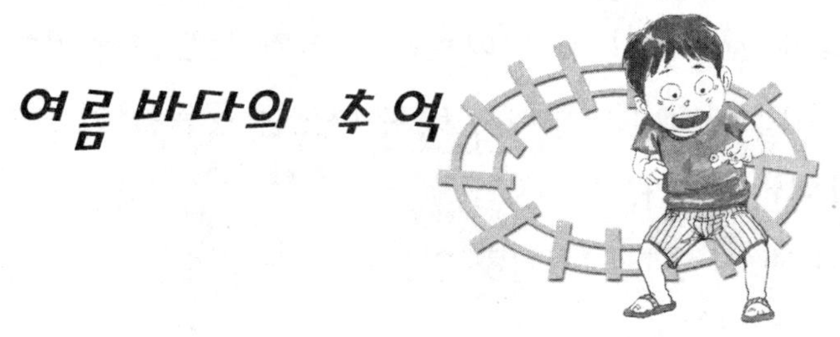

“아버님. 오늘은 좀 쉬시지요.”

“아니다. 이제 너희들 얼굴도 봤으니까 나는 내 볼일을
봐야지. 어차피 집에서 노나, 밖에서 노나 한가지다.”

외할아버지 방에서 잠을 자던 호진이는 새벽녘이 되어
서 외할아버지와 아빠의 두런거리는 이야기 소리에 어렴풋
이 잠을 깼다.

슬며시 눈을 뜨고 살펴보니, 동쪽으로 난 창이 환하게
밝아오고 있었다.

‘불쌍하신 외할아버지!’

호진이는 입 속으로 중얼거렸다. 호진이 외할아버지는
젊어서는 배를 타고 바다에 나가 오징어를 잡는 커다란 배의
선주이셨다. 키도 크고, 체격도 좋아 외할머니의 말씀을 빌
리면 주문진에서 인기가 제일 좋으셨단다. 그런데 10년 전,



꾸러기들의 발명잔치 2

폭풍우에 배가 파손되어 재산을 모두 잃고는 지금은 집 짓는 곳이나 수리하는 건축 현장에 나가 미장일을 하신다.

엄마나 외삼촌은 극구 말리시지만, 외할아버지의 고집은 여전하셨다.

"사람은 일을 해야 더 건강한 법이다. 일하기 싫거든 먹지도 말라는 말이 있잖여!"

이것이 외할아버지의 지론이셨다.

"외할아버지 부지런하신 것은 하여튼 알아드려야 해."

아빠와 엄마의 만류에도 불구하고, 외할아버지께서 집을 나가시자, 어머니는 호진이를 보며 이렇게 투덜거리셨다.

"엄마, 아직은 외할아버지께서 건강하시다는 증거잖아요. 걱정 마세요."

"너무 힘든 일을 하시니까 그렇지."

호진이는 자리에서 일어나, 이불을 들고 밖에 나가 먼지를 털면서 이렇게 어머니를 위로해 드렸다.

"아함! 날이 밝았으니 정동진에 가서 해돋이를 보기는 틀렸고, 일찍 부둣가에 나가 오징어 구경이나 할까?"

호진이의 말에 영인이가 입에 머리끈을 물고 머리를 추스르며, 거실로 나오다가 빈정거리는 투로 말을 받았다.

"그렇게 게을러서야 금년 안에 해돋이를 볼 수 있을까



여름 바다의 추억

모르겠다.”

“뭐야? 그러는 누나는 나보다 더 늦게 일어났잖아.”

“야, 괴짜! 난 벌써 해돋이를 보고 와서 한숨 자고 일어났단 말이야.”

“정말? 그러니까 내숭이지. 그런 좋은 델 혼자서만 갔다 오냐?”

호진이는 아쉬운 표정을 역력히 드러내며, 기죽은 목소리로 중얼거렸다.

“넌 초저녁부터 곯아떨어졌잖니. 그래서 깨울 수가 없어 외삼촌과 성수오빠를 졸랐지. 사실 해돋이를 보려고 밤을 새웠단다. 미안해, 호진아.”

“치이, 알았어 누나! 밤 새워서 주문진을 누볐겠군. 또…… 체.”

“아니, 그걸 어떻게 알았지. 오징어회, 골뱅이구이, 새치구이를 먹었다는 것을? 호호호……. 룰루랄라.”

영인이는 일부러 생선들을 나열해 가며 양 볼에 엄지손가락을 대고 혀를 쏙 내밀었다.

“누구 약을 올리는 거야?”

호진이 자리에서 벌떡 일어나는 시늉을 하자 멀찌감치 달아나며 “나 잡으면 용치”를 하는 영인의 뒷모습이 집밖으로 사라졌다.

“에구구, 저 녀석들 또 시작이구나.”

바구니를 옆에 끼고, 텃밭으로 나와 호박, 가지, 아욱, 오이 등 아침거리를 준비하던 어머니는 습관처럼 미소를 지었다.

아침 식사를 하며, 호진 어머니는 외할머니께 지나가는 말투로 말씀하셨다.

“오늘은 조개젓을 좀 담아두고 싶어요. 요즘 조개 많이 잡히지요?”

“응, 흔하더구나.”

“박서방이 워낙 좋아하잖아요. 애들은 물론이고…….”

“그래, 알았다. 젓갈이라면 서해안만은 못하겠지만 그래도 집에서 맛있게 담으면 그 맛을 어디에 비하겠니? 나는 가자미 식혜가 더 좋지만…….”

외할머니와 어머니의 대화를 듣고 있던 호진이가 넬름 말을 꺼냈다.

“엄마, 나는 젓갈보다 그냥 끓인 조개탕이 좋아요.”

“잘 알지. 그래서 오늘 점심은 호진이 좋아하는 조개로 탕도 끓이고, 튀김도 할 생각이다.”

“이얏호, 신난다.”

“그래, 맛있겠다. 엄마, 오징어튀김도!”

호진이에 이어 영인이까지 덩달아 맞장구를 치는 사이



여름 바다의 추억

아침 식사가 끝났다.

이렇게 해서 오래간만에 찾아간 외갓집에서의 둘째 날
이 시작되자, 호진이는 아침부터 수선을 피웠다.
"외삼촌, 오늘은 고기 잡으러 가요."
"그래? 네 아빠께서 낚시를 가신다고 했으니까 그럼 함
께 따라가자."
"우와! 짱이야."
곁에서 아들의 말을 듣고 있던 호진 아버지가 일어서며
말씀하셨다.
"호진이도 간다고? 그럼 준비하자."
"예. 아빠."
"참, 영인이도 갈래?"
아버지의 말씀에 영인이가 아쉬운 듯한 표정으로 대답
했다.
"저는 엄마를 따라 시장에 가볼래요. 문어랑 고기 구경
도 하고……."
그러자 호진이가 약방에 감초 격으로 한 마디 던졌다.
"누나, 잘 생각했어. 누나가 온 걸 알면 고기들이 다 놀
라서 도망갈 테니까. 히히히."
"뭐? 왜 도망을 가는데?"


꾸러기들의 발명잔치 2

멀뚱한 눈빛으로 어리둥절해하는 영인이를 향해 한 마디를 던지는 호진이.

"그걸 몰라서 물어? 물고기들도 내숭보다는 화끈하고, 미남에, 천재인 이 박호진이에게 몰리게 된단 말이지. 아마 사인을 받으려고 너도 나도 아우성일 걸!"

"에계계! 그러니까 자기가 에치오티(H. O. T.)나, 실베스터 스탤론 같은 유명 연예인이라도 되는 줄 아는 모양인데 착각하지 마!"

"어쨌든 누나도 김희선이나, 맥 라이언 옆에도 못 갔단 말이시."

"이게 정말?"

호진이와 영인이가 티격태격 하는 사이 아버지와 외삼

촌은 낚시 도구들을 챙겨들고 밖으로 나가셨다.

그제서야 호진이도 다람쥐처럼 부리나케 뛰어나가며 큰 소리로 말했다.

"아빠, 저도 가요."

그러자 호진이의 뒤통수에 대고 영인이가 소리쳤다.

"흥, 눈먼 물고기나 잡히면 몰라도 호진이 네가 가면 물고기들이 코방귀를 뀌며 달아날 걸."

어쨌든 아버지와 삼촌 일행이 소금강으로 떠난 뒤, 영인이는 어머니를 따라 부둣가로 갔다.

커다란 배가 들고나는 포구에는 온통 해산물 천지였다.

"엄마, 저 문어 좀 봐요. 머리가 내 거보다 클 거 같애."

"그래, 정말 크구나. 와아, 오랜만에 오징어, 황태 구경 좀 실컷 하자."

영인이는 해산물을 구경하고, 어머니는 가자미, 깐 조개를 비롯하여 말린 문어포, 오징어, 미역 등을 샀다.

포구 맞은편에 있는 시장까지 들러 복숭아, 수박, 포도 등의 과일과, 야채들을 사 가지고 집에 도착했을 때는 어느덧 해가 중천에 떠 있었다.

"영인아, 조개가 상하기 전에 얼른 젓갈을 담가야겠다. 저 뒤 창고에 가서 소금 좀 퍼 오겠니?"

시장을 봐온 꾸러미들을 풀면서 어머니가 영인이에게

심부름을 시키셨다.

"예, 왕소금 말이지요?"

"그래, 마침 외할머니께서 밭에 가신 모양이다. 얼른 버무려놓고 점심 준비해야겠다. 열쇠 여기 있다."

"알았어요. 엄마!"

영인이는 급히 집 뒤에 있는 창고로 가서 문을 열기 위해 안간힘을 썼으나, 자물쇠가 녹이 슬었는지 잘 열리지 않았다.

"엄마, 자물쇠가 열리지 않아 소금을 가져올 수가 없어요."

영인이의 말에 어머니는 고개를 갸웃거리며 말씀하셨다.

여름 바다의 추억

“왜 그럴까? 혹시 빗물이 자물쇠 안으로 흘러 들어가 녹이 슨 거 아니야?”

그리고는 다시 심부름을 시키셨다.

“길 건너 성수 오빠 집에 가서 외숙모보고 소금 한 되만 담아 달라고 해서 가져오너라.”

영인이가 큰외삼촌 댁으로 가는 사이 머릿속에는 의문이 가득했다.

‘빗물이 자물쇠에 들어가지 않게 할 수 있는 방법은 없을까? 외할머니께서 녹슨 자물쇠를 쓰시려면 매우 불편하고 힘드실 텐데…….’

영인이는 자물쇠에 빗물이 들어가 녹스는 것을 방지할 좋은 방법을 찾았으나 마땅하게 떠오르지 않았다.

주문진은 바닷가이기 때문에 소금기가 많아서 밖에 걸어둔 자물쇠에 더 빨리 녹이 스는 것 같았다.

“엄마, 소금 여기 있어요.”

“오냐, 수고했다.”

조개젓을 담그신 어머니는 오징어 튀김과, 조개탕, 그리고 가자미 무침 등 맛있는 요리를 많이 만드셨다.

저녁 무렵이 되자 천렵을 떠났던 호진이와 식구들이 돌아왔다.

"호진아, 물고기 많이 잡았니?"

"그거야 당근이지."

영인이의 물음에 호진이는 물고기들을 보여주며 자신 있게 대답했다.

"그건 그렇고, 누나! 이 물고기들이 너무 예뻐서 몇 마리만 기르고 싶은데 어디에 기를까?"

"글쎄, 우선은 물에 담가 두렴."

영인이는 부드럽게 대답했다. 물고기는 예상했던 것보다 많았고, 또 움직이는 모양이 매우 귀여웠다.

"자, 이제 씻고 식사들 합시다."

어느새 식탁 위를 풍성하게 장식한 어머니는 손바닥을 두들기며 저녁식사 시간을 알렸다.

"와, 오징어 튀김이다. 회무침, 생선구이, 조개탕, 꽃게…… 히야아."

호진이 제일 먼저 손을 씻고는 얼른 식탁 앞으로 다가앉으며 소리를 높였다.

"이거 얼마만이야? 바닷가에 온 것이 이제야 실감나네."

아버지도 어린아이처럼 좋아하셨다. 그 때 마침 외할아버지께서 현관문을 들어서셨다.

"외할아버지, 이제 오세요?"

"오냐, 외할머니는?"

　　그러자 안방 문을 밀고 나오시던 외할머니께서 외할아버지의 가방을 받으시며 말씀하셨다.

　　"애들 와 있을 때나 좀 쉬시지……."

　　그 말씀엔 대꾸도 없이 약간 어두운 표정을 지어 보이시던 외할아버지도 식탁 앞에 앉으셨다.

　　"아버님, 무슨 걱정이라도 있으셔요?"

　　"아니다. 내가 나이가 들어가니 점점 건망증이 심해져서 가끔 쇠손을 잃어버리는데 오늘 또 쇠손을 잃어버렸구나. 왜 이렇게 정신이 없는지……."

　　식사 중에 외할아버지와 아버지의 대화를 듣고 있던 호진이가 눈에 빛을 내며 반문했다.

　　"외할아버지, 쇠손이요?"

　　"음, 미장일을 할 때 쓰는 쇠손."

　　그러자 호진이의 머릿속으로 언뜻 스쳐가는 생각이 있었다.

　　'쇠손을 잃어버리지 않고 손쉽게 가지고 다닐 수 있는 방법이 없을까?'


　　그렇게 주문진에서의 이틀이 지나고, 사흘째 되는 날 아침 영인이가 눈을 떴을 때는 창밖이 어둑어둑한 채로 이슬 같은 가랑비가 소리없이 내리고 있었다.



꾸러기들의 발명잔치 2

"엄마, 비가 와요."

영인이가 현관에서 우산을 챙겨들고 말하자, 어느새 일어났는지 호진이가 잔뜩 불평을 늘어놓으며 밖을 내다봤다.

"이따 점심 먹고 해수욕장에 물놀이 가려고 했는데 다 틀렸군, 치이!"

영인은 우산을 들고 마당 끝에 있는 수돗가에 가서, 물통에 담겨 있는 물고기들을 보고 돌아서다가 문득 한 가지 생각을 해냈다.

'그래. 맞아! 자물쇠에 물이 들어가 녹이 스는 것을 방지하려면 걸쇠에 고무나 비닐로 우산 모양의 갓을 씌우는 거야!'

영인이는 곧바로 집 뒤의 창고로 돌아가, 자물쇠에 고무 덮개를 만들어 씌우는 실험을 하기 시작했다.

드디어 걸쇠 위에 나팔 모양의 고무 덮개를 씌운 자물쇠가 완성되었다.

"엄마, 이 자물쇠 어때요? 이젠 쉽게 녹슬지 않을 거에요."

"영인이가 참 좋은 발명을 했구나. 이렇게 작은 발명을 했지만 나중에는 더 큰 발명을 하여 사회에서 활용하도록 하면 좋겠구나."

어머니는 무척 흐뭇해 하며 이렇게 칭찬을 아끼지 않으셨다.

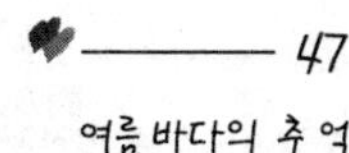

꾸러기들의 발명잔치 2

　이럭저럭 점심때가 가까워오자 언제 비가 왔느냐는 듯 하늘이 말끔히 갰다.

　호진이는 강아지처럼 마당을 뱅뱅 돌다 근처에 있는 외삼촌 집으로 가서 성수형을 졸라 배드민턴을 쳤다.

　"여긴 정말 이상한 곳이야. 방금 전까지 비가 왔는데 이렇게 멀쩡하다니. 형, 이제 그만 갈래."

　"그래, 심심하면 내일은 경포대에 가자. 거기에는 놀 곳이 많아."

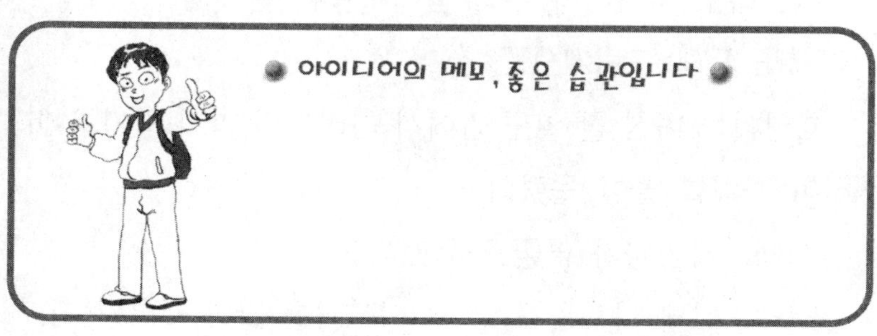

# 폐타이어와 어항

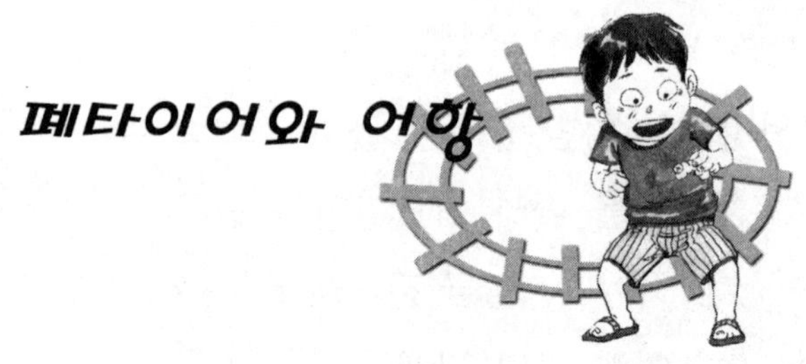

　　성수형과 헤어져 집으로 돌아오던 길에 호진이는 집앞 공터에서 자동차를 손보고 계신 아버지를 발견했다.

　　"아빠, 뭐 하세요?"

　　"응, 호진이구나. 타이어를 갈고 있는 중이다."

　　아버지는 땀을 줄줄 흘리시며 말씀하셨다.

　　"아빠, 자동차 타이어에 펑크가 났어요?"

　　"그런가 봐. 밖에 나와 보니 이 모양이구나. 타이어 가는 일은 나도 처음이라 무척 힘이 든다."

　　"저도 도와 드릴게요."

　　호진이는 마침 할 일도 없어서 아버지와 함께 작기를 이용하여 차체를 들어 올렸다.

　　"아빠, 자동차가 공중으로 떴어요."

　　"그래, 이제 나사를 풀고 새 타이어를 갈아 끼우면 돼."



꾸러기들의 발명잔치 2

폐타이어와 어항

아버지는 헌 타이어를 빼내고, 새 타이어로 바꿔 끼우셨
다.

"호진아, 이 헌 타이어는 쓰레기장에 버려라."

"예, 아빠!"

호진이는 대답을 했지만, 왠지 석연치 않은 생각에 망설
였다.

'이걸 그대로 버리면 돈도 들고, 썩지도 않아 환경오염
이 될 텐데……. 일단 집으로 옮겨놓고 쓸 곳을 생각해 봐야
겠어.'

호진이는 이렇게 생각하며 헌 타이어를 굴려 창고 뒤에
갖다 놓았다.

'그런데 이 폐타이어를 어디에 쓰지? 마땅한 용도가 없
을까?'

이리저리 머리를 굴리며, 손을 씻기 위해 마당 끝의 수
돗가로 간 호진이는 커다란 물통 속에서 헤엄을 치고 있는
물고기들을 발견했다.

"와, 아직도 씩씩하게 움직이네."

수도꼭지를 틀어 물을 채워 주며 물고기들의 움직이는
모양을 즐겁게 바라보던 호진이 무릎을 탁 쳤다.

'그렇지! 바로 그거였어.'

호진이 머릿속으로 타이어는 둥근 모양이니까, 물고기

들을 놓아 키우면 훨씬 더 자유롭게 놀 수 있겠다는 생각이
든 것이다.

　호진이는 손을 씻는 둥 마는 둥하고 점심 식사도 대충
끝내고는 어항 만드는 구상에만 몰두하였다.

　'그런데 기왕이면 타이어 한 개보다 두 개를 연결하여 8
자 모양으로 만들면 물고기들이 더 자유롭고 모양도 좋지 않
을까?'

　이렇게 생각한 호진이는 자신의 아이디어를 그림으로
그려 막내 외삼촌에게 보여줬다.

　"외삼촌, 이 어항 어때요?"

　그림을 보고, 호진이의 설명을 들은 외삼촌은 좋은 생각
이라며 칭찬해 주었다.

　"어째서 우리 호진이가 하루종일 조용한가 했더니 이런
멋진 생각을 하고 있었구나."

　"예, 그런데 삼촌, 타이어가 한 개 더 필요해요. 자르는
것도 문제고……."

　"그건 염려 마라. 외삼촌 친구가 카센터를 하고 있으니
그 곳에 가서 의논해 보자."

　호진이는 외삼촌의 말에 두 손을 번쩍 들어올리며 큰 소
리로 말했다.

　"와아! 역시 우리 외삼촌이야! 이제 반절은 끝났으니 우

선 파도 타러 가요. 지난번엔 서툴러서 짠물을 실컷 먹었지
만 이번에는 자신 있어요."

"와하하, 역시 우리 호진이는 괴짜라더니 못 말리겠구
나. 그럼 해수욕장에 갔다 오면서 카센터에 들러 보자."

"이얏호! 신난다."

호진이는 총알처럼 밖으로 나가더니 자신이 만든 패트
병 튜브를 옆구리에 끼고 안으로 들어섰다.

"이걸 빠뜨릴 수 없지."

"알았다. 괴짜야! 갈아 입을 속옷이랑 수영팬티도 챙겨
야지."

"그건 아침에 이미 준비해 뒀습니다. 준비 완료!"

호진이는 막내 외삼촌을 따라 해수욕장으로 가서 두 시
간 가량 파도타기를 하고는 탈의실에서 옷을 갈아입은 후 카
센터로 향했다.

"아저씨, 안녕하세요?"

"오, 서울에서 왔다는 조카로구나. 어서 오너라."

호진이와 외삼촌은 번갈아 가며 어항에 대해 설명했다.

"타이어 옆부분을 잘라야 하는데 할 수 있을까?"

"타이어 한 개가 있다니 나머지 한 개를 주는 것은 어렵
지 않은데, 자르는 작업은 여기서는 힘들어. 타이어 안에는
강철이 실 모양으로 박혀 있거든……. 역 근처의 철공소를



꾸러기들의 발명잔치 2

한번 찾아가 봐.”

“아무튼 고맙다.”

호진이와 막내 외삼촌은 카센터에서 준 타이어를 받아 들고 철공소로 갔다.

“아저씨, 자동차 타이어를 자를 수 있겠습니까?”

“어디 한번 해봅시다.”

철공소 아저씨가 전기톱으로 자르려고 하자, 타이어가 갈라지는 대신 검고 지독한 연기만 뿜어져 나왔다.

“아이구, 이거 안 되겠는데……. 직접 톱으로 잘라 봅시다.”

아저씨는 다시 톱을 가지고 나오셨다.

“쓱싹쓱싹…….”

다행히 타이어가 조금씩 갈라지기 시작했다. 그러나 무척 천천히 갈라져 시간이 많이 걸렸다.

“호진아, 이제 알았으니, 집에 있는 타이어는 내가 잘라 주마. 그만 가자.”

“아저씨 감사합니다.”

호진이는 외삼촌과 함께 집으로 돌아왔다.

창고 뒤에 놓아둔 나머지 한 개의 타이어를 자르는 데도 꽤 많은 노력이 필요했다.



떼타이어와 어항

다음 날, 호진이는 눈을 뜨자마자 창고로 달려가 타이어 두 개를 붙이는 작업에 들어갔다.

"이거 본드로는 어림도 없네. 드릴을 이용하여 나사를 박아요."

다 박고 보니, 타이어 안쪽의 높이가 낮아 물을 조금밖에 채울 수 없을 것 같았다.

"이것도 안 되겠다. 호진아!"

외삼촌의 말에 호진이는 생각에 잠겼다. 어느덧 해는 중천에 떠 있었다.

"아, 맞아요! 외삼촌, 가운데 부분에 바구니를 올려 끼우고 나사를 박으면 어떨까요?"

"그래, 해보자."

그러자 어항은 8자 모양이 되면서 물을 넣을 수 있는 높이도 높아졌다.

"그런데 이 상태에서 물을 넣는다면 타이어 틈새에서 물이 빠질 것 같은데요."

"그럼, 실리콘을 바르자."

호진이는 사이사이마다 실리콘을 촘촘히 바르고, 빈곳이 없는지 확인했다.

"이제 됐다. 실리콘이 마르려면 시간이 걸릴 테니까 다음 작업은 일단 중지하고 나가자."



꾸러기들의 발명잔치 2

“예, 이제 페인트를 사야겠어요.”

호진이는 어항에 칠할 페인트를 사러 가며 생각했다.

‘타이어 안쪽은 시냇물 같은 느낌이 들도록 푸른색을 칠하고, 겉 부분은 연두색을 칠해야지.’

어느덧 주위에는 어둠이 찾아들고 있었다. 다음 날 아침은 외할아버지께서도 쉬고 계셨다.

“여보, 아버님 어머님도 다 계시니 오늘은 식구들 모두 초당 두부나 먹으러 가면 어떻겠소?”

아버지의 말씀에 호진 어머니는 얼굴에 미소를 띠며 대답했다.

“어머, 그럼 좋지요.”

“좋았어. 담북장 맛이 일품이던데 오늘 점심은 내가 살 테니 성수네까지 모두 불러요.”

호진이는 덩달아 신이 나서 말했다.

“헤헤헤, 신나는 일이야……. 아빠! 성수 형네 집에는 제가 가서 말할 게요.”

“그거야 당연하지! 이 집에 너 말고 심부름할 사람이 어디 있니?”

호진의 말이 떨어지기가 무섭게 냉큼 받아 넘기는 영인이의 말에 호진이는 양손을 벌리며 무릎을 접고 말했다.

“억울해! 아, 억울해잉.”

그러자 둘 사이에 끼여든 어머니가 부드럽게 말씀하셨다.

“억울하기는…… 호진아, 그 대신 넌 온 집안 식구들의 귀여움을 다 차지하고 있잖니? 어서 다녀오너라.”

“예, 엄마. 역시 우리 엄마밖에 없어! 히히히.”

자리에서 막 일어서는 호진이의 뒤통수에 영인이의 날카로운 비아냥이 비수처럼 꽂혔다.

“에이그, 마마 보이!”

그 공격을 호진이가 놓칠 리 없었다.

“흥, 질투 나지? 여자들 질투는 알아줘야 해. 그런데 모



꾸러기들의 발명잔치 2

처럼 내숭이 솔직해졌어. 헤헤헤.”

“뭐라고? 이 괴짜! 저팔계, 마마 보이, 밥돼지야!”

“흐흐흐, 박내숭 씨, 메롱!”

뒷걸음질을 쳐서 현관으로 나가며, 호진이는 질세라 누나를 향해 속사포를 쏘아대고 혀를 낼름거렸다.


그렇게 또 하루가 지난 후, 호진이는 타이어에 페인트를 꼼꼼히 칠해야 하기 때문에 어머니께 도움을 청했다.

“엄마, 페인트 칠이 쉽지 않네요. 좀 도와주세요.”

페인트 칠이 다 끝나고 나서 어항을 보니 정말 멋져 보여서 호진이는 매우 기분이 좋았다.

“엄마, 정말 근사한 어항이 됐어요.”

“그렇구나. 물고기들이 좋아하겠어.”

그런데 다음 날, 어항을 살펴보니 고무냄새가 나서 물고기가 사는 데 문제가 있을 것 같았다.

“엄마, 페인트 칠 위로 비닐을 씌워야겠어요. 용돈 좀 주세요.”

비닐을 사다 씌우고 나니 고무냄새가 감쪽같이 사라졌다.

‘이제 어항을 꾸며 주고, 물고기가 살 수 있는 환경을 만들어 주어야지.’

59

호진이는 막내 삼촌과 함께 냇가로 나가 모래와 자갈들을 구해 왔다.

"삼촌, 한쪽에는 자갈만 깔고, 다른 쪽에는 모래만 깔면 어떨까요? 그러면 물고기가 어느 쪽을 더 좋아하는지 비교해 볼 수 있을 텐데요."

"그것 참, 재미있는 생각이구나."

다음에는 물이 흐르도록 하기 위해 어항 가운데 수중 펌프를 달고, 물이 떨어지는 부분에 물레방아를 놓았다.

"자, 이제 어항에 물을 채워요."

호진이가 어항에 물을 채우자 수중펌프를 이용한 물레방아는 제대로 움직였고, 물은 너무나 잘 흘렀다.

"기왕이면 어항 한쪽에 산소공급기를 설치해요."

어항에 산소공급기와 수중라이트를 장식하자 어항은 한결 멋있어 보였다.

"와, 이게 정말 호진이가 발명한 어항이야? 내일은 엄마를 따라 시장에 가서 당장 금붕어를 사올래!"

발명품이 완성되자, 영인이는 마치 자신이 발명가라도 되는 것처럼 기뻐했다.

"누나, 좋아하기는 너무 일러. 저기 있는 물고기들로 실험해 보고……."

시험삼아 물통에 든 물고기들을 몇 마리 조심스럽게 넣



꾸러기들의 발명잔치 2

어 보았다. 물고기들은 자유롭게 돌아다니며 헤엄을 쳤다.

"와, 성공이야! 성공."

"정말 근사한 어항이다. 꼭 용궁을 보는 것 같아."

온 가족이 호진이를 칭찬하며 기뻐하셨다. 갑자기 집안이 밝아진 듯했다.


그날 밤, 온 가족이 마당에 돗자리를 펴놓고 외할머니께서 쪄 주신 옥수수와 감자, 고구마 등을 먹고 있을 때 호진이의 사촌 형 성수가 왔다.

"모두 모이셨네요. 식사는 하셨어요?"

"응, 성수야, 어서 오너라. 마침 잘 왔구나."

할머니는 성수 앞으로 옥수수와 감자가 놓인 쟁반을 밀어 놓으며 앉기를 권하셨다.

"호진이가 대단한 발명을 했다며?"

성수는 옥수수 한 자루를 집어들고 호진이에게 시선을 돌리며 말했다.

"와, 소문이 벌써 그곳까지 갔어?"

영인이의 말에 성수가 대답했다.

"이 손바닥만한 주문진에서의 일이라면 내가 모르는 게 없지."

그러자 영인이가 빈정대는 투로 말했다.



폐타이어와 어항

“성수 오빠가 정보통이라는 건 나도 알아. 그렇지만 대개 쓸만한 정보는 없고 야시꾸리한 것들뿐이던데 뭐. 어느 여학생 언니가 누구 오빠를 만나 데이트하고 등등…….”

“그런 정보에 민감해야 장차 내가 장가드는 데 지장이 없다 너!”

“에계계? 이제 겨우 고등학교 1학년이 벌써부터 장가 타령이야? 징그럽게스리.”

영인이 아랫입술을 삐죽 내밀자, 성수는 발그레 미소를 지으며 말했다.

“영인아, 여자들은 내숭이 많아서 솔직하지 못하지만, 남학생에 대한 관심은 여학생이 더 많다!”

그러자, 호진이가 눈을 번쩍 뜨며 말했다.

"것봐, 성수형도 누나에게 내숭이라고 하잖아."

"뭐야? 쬐끄만 게 까불어."

영인이 샐쭉해서 소리치자 성수가 주의를 환기시키며 말했다.

"자, 자! 그만 하자. 사실 나는 어머니의 심부름을 온 거야."

"심부름?"

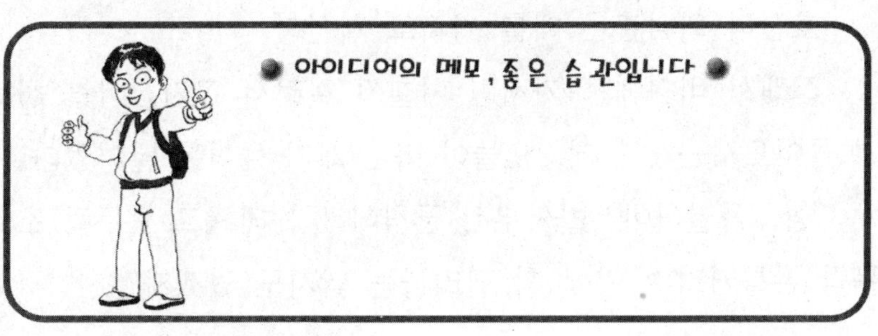

# 숟가락과 쇠손

　　호진이가 눈을 둥그렇게 뜨며 영인이를 향한 공격을 멈추자, 외할머니께서 성수에게 재차 물으셨다.

　　"엄마가 심부름을 보냈다고? 뭔데 그러느냐?"

　　"내일 점심은 저희 집에서 하시자고, 모두들 오시래요."

　　"왜, 무슨 날이라도 되니?"

　　어머니의 말씀에 성수형은 고개를 옆으로 저었다.

　　"그게 아니고요. 싱싱하고 좋은 횟감이 있다고 식사나 같이 하시재요."

　　호진이 외삼촌은 배를 가지고 계신다.

　　그래서 바다에 나가시면 며칠씩 걸려서 고기잡이를 하고 돌아오시곤 하는데, 오늘이 바로 배가 들어온 날이었다.

　　"형, 정말이야? 벌써부터 군침이 도는데. 그 오무락 조무락 꿈틀거리며 입에 척 달라붙는 낙지도 있겠지?"

호진이의 말에 어머니께서 표정을 바꾸시며 근엄하게
말씀하셨다.

"어르신들 앞에서 버릇없이……, 쯧쯧. 그리고 형에게
무슨 말버릇이냐?"

그러자 성수형이 피식 웃었다.

"괜찮아요. 야, 괴짜야! 낙지뿐이겠냐? 우럭, 문어, 농
어, 방어 그리고 꽃게, 성게, 오징어, 에 또……. 네 배를
가득 채울 만큼은 있다. 그런데 불행히도 어른들만 초대를
하셨으니 이를 워쩐다야?"

그러자 호진이는 표정이 금방 시무룩해져서 풀죽은 목
소리로 말했다.

"그러면 그렇지. 나 같은 꼬맹이가 낄 자리가 어디 있겠
어? 쥐치포나 씹으며 집이나 봐야지 뭐!"

그러나 영인이는 누나답게 담담한 표정으로 말했다.

"왜 쥐치포를 씹냐? 오징어 다리를 놔 두고……. 흠흠."

영인이의 말이 끝나기도 전에 외할머니께서 손을 내저
으며 말씀하셨다.

"얘들아, 아냐! 성수가 장난을 하는 거다. 아까 낮에 밭
에서 외숙모를 만났는데 너희들을 꼭 데리고 오랬어. 맞지
성수야?"

할머니의 말씀에 성수는 슬슬 꽁무니를 빼며 할머니에



숟가락과 쇠손

게 윙크를 해 보였다.

"아닌데요. 애들이 먹을 것은 하나도 없을 텐데요. 후후후."

그러면서 뒷걸음으로 마당 끝에 가 선 성수형은 구성진 목소리로 이랬다.

"얼씨구씨구 들어간다. 저얼씨구씨구 들어간다. 작년에 왔던 낙지씨, 죽지도 않고 또 오네. 애들은 가! 애들은 가! 히히히."

그리고는 어른들을 향해 "안녕히 주무시고, 내일 점심에 모두 오세요." 하고는 줄행랑을 쳤다.

성수형네 집에는 외삼촌, 외숙모가 살고, 시집간 누나가 있다. 외삼촌은 근처에 사시니까 외할아버지 외할머니를 모시고 싶어하지만, 외할머니의 반대로 분가해서 서로 떨어져 살고 계신다.

"요즘은 떨어져 사는 것이 서로 편하다더라. 아직은 내가 건강하니까 너희들끼리 자유스럽게 살다가, 우리 두 늙은이 더 늙어지면 그 때 보자."

호진이는 어른들의 마음을 잘 이해할 수가 없지만, 호진이의 할머니도 외할머니와 똑같은 말씀을 하시며 시골에서 농사를 짓고 계신다. 그런데 가끔 그런 할머니가 쓸쓸해 보일 때도 있다.



꾸러기들의 발명잔치 2

　'참 이상해. 만났다 헤어질 때는 그렇게 섭섭해 하시면서도 왜 함께 사는 것은 싫다 하시지?'

　아무튼 검게 그을린 외삼촌, 항상 친절하고 싹싹하신 외숙모, 그리고 성수형이 있는 외삼촌 집에서 맛있는 음식을 먹을 것을 생각하며 호진이는 금새 잠이 들었다.


　다음 날, 호진이네 가족은 외할아버지 외할머니를 모시고 외삼촌 집으로 갔다.

　삼촌 집에는 커다란 상 위에 많은 음식들이 호화롭게 놓여 있었다.

　"어서 오세요. 호진이 영인이도 어서 오너라."

　아버지와 어머니, 외삼촌과 외숙모는 마치 처음 만난 사람들처럼 반갑게 인사를 나누며 시종 즐거워하셨다.

　"형님, 바닷바람을 쐬신 덕분인지 아주 건강해 보이십니다. 허허허!"

　"이 사람아, 자네도 벌써 탔네 그려. 남자는 좀 씩씩한 맛이 있어야지. 히멀건하게 여자들처럼 생겨서야 되겠나?"

　"예. 형님, 그나저나 형님 배가 들어온다는 얘기 듣고 엊저녁부터 굶었습니다. 허허!"

　"오, 그래! 싱싱할 때 어서 들게."

　상 위의 음식물들은 정말 먹음직스러워 보였다.



숟가락과 쇠손

각종 회, 소라, 멍게, 해삼, 생선 튀김 그리고 해물찌개, 생선 초밥, 오색 야채와 밭에서 갓 솎은 상추와 깻잎, 풋고추 등……. 호진이는 감탄사를 연발했다.

"와! 정말 맛있겠다."

영인이는 입 속으로 침을 꼴깍 삼키며 속으로 생각했다.

'저 꽃게찜은 내가 제일 좋아하는 건데……. 우선 오징어회부터 먹어야지!'

그리고는 너무 먹음직스러워 외할아버지 외할머니께서 한 입 드시기가 무섭게 상 위의 음식을 먹어 보기 시작했다.

"영인아, 체할라! 천천히 먹어라."

어머니의 눈총에 주춤하던 영인이는 게걸스럽게 먹어대는 호진이를 슬쩍 곁눈질해 보고 다시 하나하나 먹었다.

그런데 한 가지 큰 문제가 생겼다.

음식과 가까운 자리는 어른들이 다 앉으시고, 한 귀퉁이에 앉게 된 영인이가 반찬을 먹으려고 하는데 멀리 떨어진 반찬은 수저에 잘 떠지지가 않았다.

그래서 영인이는 할 수 없이 자리에서 일어나 멀리 있는 것은 왔다갔다하면서 먹어야 했다.

'어휴, 이건 정말 죽을 맛이군. 자꾸 일어서는 것도 어른들 보기 민망하고, 그렇다고 맛있는 것을 구경만 할 수도 없고, 그림의 떡이야!'



꾸러기들의 발명잔치 2

어른들이야 재미있게 이야기를 나누며 천천히 맛있는 반찬을 골라가며 잡수시겠지만, 영인이는 머릿속으로 이렇게 생각하다가 음식맛도 잃어 버렸다.

"형님, 정말 잘 먹었습니다. 오랜만에 회로 포식했어요."

"외숙모님, 맛있게 잘 먹었어요."

호진이까지 인사를 하고, 외갓집으로 돌아오는 길에서도 영인이의 머리에는 불편했던 그 일이 잊혀지지 않고 풍선처럼 둥둥 떠 있었다.

'이걸 어쩐담, 무슨 좋은 방법이 없을까?'

그러나 마땅한 방법은 쉽게 떠오르지 않았다.

그래서 영인이는 혼자서 중얼거리며 집 안팎으로, 창고로, 들락날락하다가 문득 막내 삼촌의 책상에 꽂혀 있는 조립식 자를 보자 눈이 번쩍 띄었다.

'그래, 바로 저거다.'

영인이는 숟가락을 조립식으로 하여 늘렸다 줄였다 할 수 있는 편리한 숟가락을 만들기로 했다.

'어서 어서 준비하자. 숟가락, 접혀 있는 긴 자, 가위, 실 등……'

영인이는 문방구점으로, 창고로, 외할머니 방으로 부산스럽게 왔다갔다하며 차례차례 순서에 따라 만들기 시작했다.

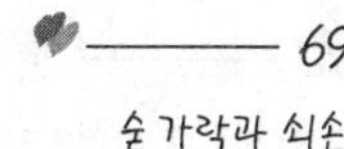



숟가락과 쇠손

하하 하하

먼저 숟가락에 접혀 있는 자를 실로 여러 번 묶었다. 이 때 주의할 점은 숟가락과 자가 잘 떼어지지 않도록 단단히 고정시켜야 한다.

"와, 이제 끝이다. 한번 사용해 볼까? 헤헤헤."

영인이는 완성된 숟가락을 당장 사용해 보았다. 식탁 끝의 멀리 있는 반찬도 잘 떠졌다.

그런데 괴짜 호진이가 그걸 보고 가만히 있을 리가 없었다.

"누나, 그것도 발명품이라고 만든 거야? 정말 간단한 걸 가지고 으스대기는……."

호진이의 말에 어머니께서 말씀하셨다.

"호진아, 발명은 거창한 것이 아니라 불편한 것을 개선하고, 편리하게 하는 것도 발명이라고 네가 말하지 않았니?"

"맞아요. 처음부터 욕심을 내지 말고 간단한 것부터 시작해서, 큰 것을 노리라는 말이 있어요."

영인이가 질세라 맞장구를 쳤다.

"하긴 이 조립식 숟가락은 거동이 불편한 경우에나, 병원 안에서 필요할 때 적절히 쓸 수도 있겠어."

"그렇지? 그러니까 무시하지 마. 가지고 다니기도 편하고……."

영인이의 말에 호진이는 문득 '가지고 다니기가 편한 쇠

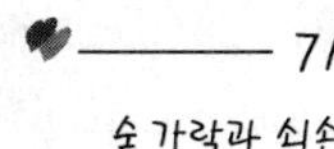

손'을 생각했다.

'그렇지, 바로 그거야. 외할아버지께서 미장할 때 쓰시는 쇠손을 가끔 잃어버리시는 것은 쇠손이 철로 되어 있어 딱딱하고, 쇠손마다 손잡이가 붙어 있어 가지고 다니기에 불편하다는 것이 문제야!'

이 때부터 호진이는 틈만 나면 창고로 달려가 쇠손을 관찰하기 시작했다.

'우선 부피를 줄여야겠는데…….'

그러나 좋은 생각이 쉽사리 떠오르지 않아, 막내삼촌에게 자신의 생각을 이야기했다.

"호진아, 정말 기특하구나. 자식인 나도 거기까지는 미처 생각을 못 했는데."

"그러니까 삼촌, 그 이야기를 듣자는 게 아니고 어떻게 하면 좋을지 생각나시는 거 없느냐고요."

"녀석, 급하기는! 이런 이야기는 들었다. '발명이란 쉬운 거라'고. 그러니까 어렵게 생각하지 말고 쉽게 생각해 보자. 두 문제를 결합해 보고 또 분해해 보고, 뒤집어 보고, 위치를 바꾸어도 보고……."

호진이는 삼촌의 말을 들으며, 문득 한 생각을 머릿속에 떠올렸다.

"작은 쇠손만 남겨두고, 모든 쇠손의 손잡이를 떼어낸



꾸러기들의 발명잔치 2

후 작은 쇠손에 끼워서 사용한다면?"

호진이의 말을 들은 삼촌은 정말 좋은 생각이라며 칭찬을 아끼지 않았다.

다음 날, 호진이는 삼촌과 함께 시장을 돌아다니며 쇠손의 종류와, 크기, 용도 등을 조사해 보고 한 벌의 모든 쇠손을 구입했다.

"호진아, 이거 삼촌 일주일 용돈은 다 날아갔다."

"하지만 삼촌, 한 자루의 작은 쇠손으로 크고 작은 여러 용도의 쇠손을 작은 쇠손에 끼워서 사용할 수 있을까를 알아보고, 다른 새로운 개발품이 나와 있는지 조사하려면 할 수



숟가락과 쇠손

없어요. 그러니까 미안하지만 참아요. 히히.”

시장조사 결과, 시장에도 새로운 특별한 상품은 없었다.

“호진아, 특별한 것이 없는 것을 보니 호진이가 좋은 발명품을 만들 기회가 온 것 같다. 조금만 더 깊이 생각해 봐!”

호진이의 마음은 더욱 부풀었고, 희망과 용기가 생겼다.

시장조사를 마친 호진이는 한 자루의 쇠손에 모두 끼워 쓰도록 설계도를 그려 보았다. 그리고 두꺼운 종이로 모형 쇠손을 만들어 보았다.

“정말 잘 되었구나. 호진아, 이제 철공소에 가서 작품을 제작하는 것은 이 삼촌 몫이지?”

“그거야 당연하지요. 히.”

호진이는 삼촌과 함께 철공소로 갔다.

“아버지, 호진이가 외할아버지를 위해 새로운 쇠손을 만들었대요. 한번 사용해 보세요.”

“그래? 우리 호진이가 정말 훌륭한 생각을 했구나.”

외할아버지의 매우 흐뭇해하시는 모습을 보고, 아버지 어머니까지 덩달아 기뻐하셨다.

“우리 호진이가 남다른 데가 있어서 정말 엉뚱한 괴짜를



꾸러기들의 발명잔치 2

낳았나 걱정했더니 그게 아니네!”

“엄마, 나쁜 쪽으로 엉뚱했던 적은 별로 없었잖아요.”

호진이의 말에 어머니는 입이 함지박만하게 벌어지면서도, 말씀은 더 엉뚱했다.

“내가 알기로 에디슨이 어렸을 때 좀 엉뚱해서 학교에서 쫓겨나기까지 했다고 하더라만, 우리 호진이는 더했던 것으로 기억하는데? 에…… 된장에 모래 붓기, 고추장에 돌 넣기, 시계가 움직이는 것이 신기하다고 망치로 부숴 보기, 그리고 더 자라서는 라디오 분해, TV 속으로 들어가겠다고 떼 쓰기 등…… 못 말렸지. 호호호.”

그러자 아버지께서 어머니의 말씀을 가로막고 나서셨다.

“그런데 네 엄마는 더 엉뚱해서 호진이가 호기심을 갖고 궁금해하는 것은 뭐든 분해해도 못 본 체하고 더 갖다가 주었지! 그 덕에 내 면도기까지 박살났지만. 허허허. 어쨌든 이번 발명품은 더욱 기대가 크구나.”

다음 날, 일하러 가신 외할아버지께서 저녁 때가 되어 돌아오셨다.

“우리 호진이가 만든 쇠손이 부피가 작아서 가지고 다니기가 매우 편리하구나. 그런데 나쁜 점이 있다면 포개어 사



숟가락과 쇠손

용하기 때문에 좀 무겁더라.”

외할아버지의 말씀을 듣고 호진이와 막내 외삼촌은 또 고민에 쌓이게 되었다.

‘포개지 않고 사용하는 방법은 없을까?’

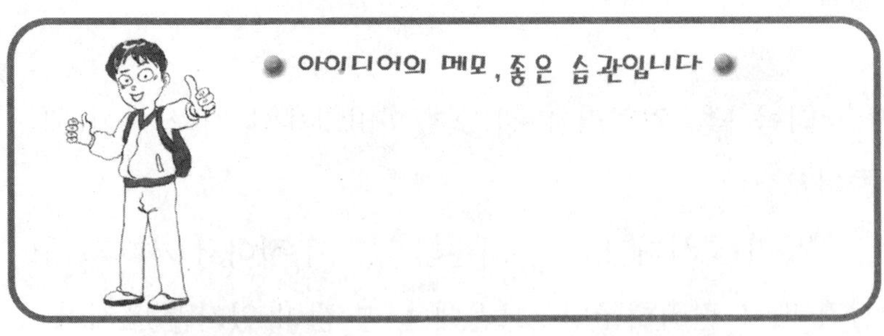

# 쇠손과 비상 신호등

호진이는 물놀이를 가는 것도, 해수욕장 앞에 있는 바이킹을 타러 가는 것도 다 잊고 오직 할아버지의 쇠손에만 매달렸다.

다음 날, 호진이의 머릿속으로 이런 생각이 지나갔다.

'맥가이버라면 이런 때 어떤 생각을 했을까? 틀림없이 기발하게 머리를 썼을 텐데……. 그렇지! 바로 그거야. 쇠손마다 끼움쇠를 만들어 달고, 하나의 손잡이에 끼움 구멍을 만들어 나비너트로 조여 사용하는 거야.'

그 즉시로 호진이는 다시 설계도를 그리기 시작했다. 설계도를 완성해 놓고, 베니어판을 오려 모형쇠손을 만든 후 끼움새 대신 못을 박았다. 그리고는 쇠손을 사용하는 데 있어서의 문제점, 불편한 점을 생각해 보았다.

'음, 이대로 사용한다면 매우 편리할 것 같은데…….'

호진이는 외삼촌과 함께 철공소를 찾아가 설계도와 모형쇠손을 보여 주었다.

"아저씨, 이렇게 만들어 주실 수 있겠지요?"

"한번 해보자꾸나. 똑같이만 하면 되는 거 아냐?"

"예. 부탁합니다."

그리고 다음 날, 완성된 쇠손을 외할아버지께 드리며 말했다.

"외할아버지, 이 쇠손은 어떤지 사용해 보세요."

그리고는 그 날, 호진이는 외삼촌과 함께 외할아버지께서 일하시는 작업현장을 직접 찾아가 보았다.

"외할아버지!"

"오, 너희들 왔구나. 더운데 여기까지 무엇하러 왔니? 시원한 데 가서 놀지 않고……."

작업 현장에서는 1차 작업을 마치고 다시 수평을 잡기 위해 2차 작업을 하시는 중이었다.

"외할아버지, 1차 작업을 하면서 동시에 수평을 잡으면 작업의 능률이 더욱 오를 것 같은데요."

"그래, 네 말이 옳다만……."

호진이는 다시 집으로 돌아오며 외삼촌과 함께 머리를 짜기 시작했다.

'이러면? 수준기+쇠손=?,  수준기+손잡이=?'



꾸러기들의 발명잔치 2

쇠손과 비상 신호등

어떤 방법이 좋을까를 여러 가지로 생각하고 비교한 끝
에 결정을 내렸다.

"외삼촌, 이렇게 하면 좋겠어요. 그러니까 손잡이 윗부
분에 수준기를 다는 거예요. 어때요?"

"그래, 그거 좋겠다. 당장에 수정작업을 해보자."

다시 설계도를 수정하고, 철공소를 드나들어 마침내 완
성된 쇠손이 외할아버지 손으로 건네졌다.

"외할아버지, 사용해 보신 결과는요?"

호진이는 궁금증을 참다 못해, 대문을 들어서시는 외할
아버지께 달려들며 여쭤 보았다.

"음, 우선 부피가 적어 운반이 편리하고, 작업 목적에
따라 쇠손을 마음대로 바꾸어 사용할 수 있어 아주 편리하
며, 수평작업을 동시에 할 수 있으므로 매우 능률적이고 경
제적이올시다. 어때 이만하면 정리가 잘 된 거야? 호진아.
허허허!"

말씀 중에도 흐뭇함을 감추지 못하시는 외할아버지의
표정에 호진이는 하늘을 날아 오를 듯한 기쁨을 느꼈다.

'아! 발명이란 정말 멋지고 보람있는 일이구나!'

게다가 외삼촌과 아버지도 칭찬을 아끼지 않으셨다.

"우리 호진이가 아주 훌륭한 일을 해냈어!"

언제나 아웅다웅이던 영인이 누나도 이번에만은 호진이



꾸러기들의 발명잔치 2

를 아주 올려 주었다.

"와, 내 동생 호진이가 이렇게 대단한 면이 있는 줄 몰랐네! 맨날 맥가이버 타령이더니 아예 맥가이버 쇠손이라고 이름을 붙이면 어떻겠니?"

"맥가이버 쇠손? 그럴싸한데! 오예! 좀 더 쎄련되게, 맥가이버형 쐬손! 정말 짱이다. 흐흐흐."

호진이의 괴상한 발음에 영인이가 기어코 한 마디를 던졌다.

"아휴! 괴짜식 발음이야! 콩글리시로 하지 말고, 하려면 똑바로 해, 응? 본토 발음 망친다. 짜샤!"

그런데 어쩐 일인지 누나의 공격에도 불구하고 호진이의 기분은 자꾸만 더 좋아졌다.

"자, 이제 휴가도 얼마 남지 않았는데 남은 시간을 더 알뜰히 보람 있게 보내자. 그런 의미에서 나는 마지막으로 밤낚시 실시!"

식구들의 들뜬 기분을 가라앉히며 아버지께서 말씀하시자 호진이도 갑자기 마음이 바뀌었다.

"다시 노는 분위기에요? 아빠 저도 따라 갈래요."

"오냐, 큰외삼촌과 성수형도 함께 갈 건지 물어봐라."

"예, 아빠!"

대답과 동시에 호진이는 총알같이 뛰어 밖으로 나갔다.

아버지의 승용차에 외삼촌, 성수 형 등과 함께 타고 밤낚시를 떠나는 호진이의 기분은 말할 수 없이 상쾌했다.

무더운 여름 햇볕도 서쪽으로 기울고 길은 점차 어둠이 내려 덮이고 있었다.

"고기를 잡으러 바다로 갈까요, 고기를 잡으러 강으로 갈까요, 이번에는 무얼 잡아다 어항에 넣지? 랄라라."

신이 나서 떠드는 호진이의 목소리가 갑자기 착 가라앉았던 것은 자동차가 고속도로로 접어들어 한참을 달린 후였다.

"어! 저기 사고 났나?"

고속도로 위의 차는 사고가 난 것인지, 아니면 고장이 났는지 모르지만 갓길에 멈추어 서 있고, 일행으로 보이는 한 사람이 손전등을 사용하여 차의 위치를 가리키고 있었다.

"허 참, 저건 너무 위험한데."

씽씽 달리는 차들 때문에 너무나 위태로워 보였다. 그렇다고 다른 방법도 없는 것 같았다.

"아마 타이어에 펑크가 났나 보다."

아버지의 말씀에 자세히 살펴보니 사람들이 타이어를 교환하는 모습이 불빛에 어른거렸다.

호진이는 차 안에서 아버지께 질문해 보았다.



꾸러기들의 발명잔치 2

“아빠, 만약 아빠 차가 고장이 났으면 이럴 경우 어떻게 하실 거죠?”

그러자 아버지께서는 웃으시면서도 이렇게 대답하셨다.

“기분 나쁜 소리 마라.”

이번에는 성수형에게 질문했더니 고개를 갸웃하며 ‘글쎄!’ 하고는 생각에 잠기는 표정이 되었다.

호진이도 마음속으로 이런 생각을 했다.

‘이런 위급한 상황에 대처할 수 있는 좋은 발명품이 없을까?’

자동차가 목적지에 도착할 때까지 말이 없어진 호진이에게 외삼촌이 말했다.

“호진아, 갑자기 무슨 고민거리가 생겼니? 왜 그렇게 심각해!”

그러자 호진이는 머리만 저었다.

“아무것도 아니에요.”

그러나 그 순간 호진이의 머릿속으로 책에서 읽은 구절이 스쳐 지나갔다.

‘발명이란 거창한 것이 아니라, 우리가 생활하면서 사용하는 물건의 단점을 개량, 보완하는 것도 발명이다.’

시원한 여름밤은 벌레소리와 더불어 금새 지나가고, 드


쇠손과 비상 신호등

디어 날이 밝았다.

낚시 도구와 텐트, 흩어졌던 물건들을 다시 챙겨 철수하는 동안에도 호진이의 머리에는 '꼭 유용한 것을 만들어야지'라는 생각으로 가득 차 있었다.

자동차가 낚시터를 떠나 시내로 들어섰을 때, 교통순경이 도로에서 교통정리를 하고 있었다. 그 때 문득 호진이의 눈에 경찰봉이 눈에 띄었다.

'왓! 바로 저거야. 필요시에만 켰다가 꺼지는 경찰봉!'

호진이는 힌트를 얻게 되자, 외갓집으로 돌아와서는, 머릿속에 생각했던 것을 설계도로 옮겼다.

먼저 사각형의 판에 구멍을 뚫은 후 둥그런 볼 속에 깜박이등을 설치하고, 전선을 받침판 위의 전지에 연결한다.

전등이 깜빡이면 틀림없이 먼 곳에서도 잘 보이리라는 생각이었다.

"호진아, 뭘 그렇게 열심히 하니?"

막내외삼촌이 방에 들어오면서 묻자 호진이는 그림을 그려서 보여 주었다.

"호, 역시 괴짜에, 맥가이버에, 호진이다운 생각이다. 좋은 아이디어야."

외삼촌의 말에 호진이는 쑥스러운 듯 뒷머리를 긁적거렸다.

"그런데 깜박이등의 볼이 가만히 있는 것보다는 회전하는 것이 야간에 먼 곳에서도 확연히 눈에 뜨일 것 같은데, 안 그래?"

"그건 그런데 어떻게 해야 하지?"

호진이가 난감해 하자 삼촌이 말했다.

"볼베어링을 구해다 밑판에 붙이면 좋겠다."

외삼촌과 호진이는 베어링을 파는 가게를 찾았다.

"우와, 베어링 종류가 이렇게 많아? 크기도 다양하고, 아주 많네!"

호진이는 베어링에 관한 많은 정보를 얻은 후, 여러 종류의 베어링 6개를 사왔다.

"자, 이제 베어링 축에다 가느다란 PVC(피브이시) 파이



쇠손과 비상 신호등

프를 꽂습니다."

그러자 신기하게 잘 돌아가는 것이었다.

"삼촌, 나무판보다 고무판이 좋을 것 같은 생각이 드는데……."

"그럼, 당장 고무판을 사러 가자."

드디어 작업이 시작되었다. 맨 먼저 베어링을 고무판 위에 놓고 사인펜으로 원을 2개 그려서 칼로 조심스럽게 오려 냈다.

고무판을 오려 낸 후, 그간 염두에 두었던 각종 부품들을 조립해 보았다.

그런데 호진이의 작품은 생각보다 밤에 잘 보이지 않았다.

"호진아, 안됐다. 좀더 생각하자."

실망하는 호진이를 달래려는 삼촌의 말에 더 기가 죽어 있다가 소리쳤다.

"에잇, 삼촌! 안 되겠어. 일이 잘 안 풀릴 때는 변화가 제일이야! 우리 나가서 바이킹이나 타러 가요."

호진이가 해수욕장 근처에 있는 놀이시설 가까이 갔을 때, 유독 시선을 사로잡는 것이 있었다. 상가에 반짝거리는 네온사인이었다.



꾸러기들의 발명잔치 2

'아하, 바로 저거야.'

호진이는 자신의 발명품에다 네온사인의 반짝거림을 이용하면 되겠다는 생각이 들어 곧바로 발길을 돌렸다.

"외삼촌, 갑자기 마음이 바뀌었어. 이제 그만 돌아가요."

"뭐? 영인이만 변덕인 줄 알았더니?"

"그게 아니라, 좋은 생각이 났어요."

"그래? 그럼 빨리 가자."

호진이는 전자 부속품을 파는 가게에 가서 다이오드, 전선, 스위치 등을 샀다.

그리고 외삼촌에게 자문을 구하고, 전자상회의 아저씨께 전기의 원리를 배우고 하여, 용기를 얻었다.

이제 신바람이 난 호진이는 세 시간 정도 끙끙대고 고생한 보람이 있어, 다이오드가 깜빡거림을 성공시킨 것이다.

"우와, 드디어 완성이다."

호진이는 정말 가슴이 뿌듯했다.

"역시, 호진이는 한국의 맥가이버야! 손만 대면 척척이구나. 이것만 있으면 야간에도 위험하지 않게 고속도로에서 비상 신호등을 켤 수 있겠어. 축하한다."

외삼촌은 박수를 치며, 호진이를 축하해 주었다.

아빠의 여름 휴가도 거의 다 끝나가고 있었다.



쇠손과 비상 신호등

호진이는 이제 집으로 돌아가면 남은 방학기간을 더 유용하게 활용하고, 이번 발명을 계기로 공부도 더욱 열심히 하여 발명을 할 때 학문적으로 든든히 밑받침을 쌓아야겠다고 다짐했다.

'그래! 이제부터는 실제 발명품을 많이 만들어 우리 대한민국을 발명국가로 만들어야지!'

어디선가 시원한 바닷바람이 외갓집 안마당을 쓸고, 호진이의 이마에 맺힌 땀방울을 씻어주고 있었다.

정말 재미있었던 호진이네의 여름 피서는 발명과 함께 지나갔다.

"외할아버지, 외할머니 안녕히 계세요. 다음에 또 올게요."

꾸러기들의 발명잔치 2

“오냐, 다음에는 익산 할머니께도 가봐야지. 혼자 계시다는데 외롭지 않게 자주 찾아가 뵈라, 응?”

호진이와 영인이의 머리를 쓰다듬으시며 외할머니는 눈가에 이슬이 맺히셨다.

“외삼촌, 덕분에 정말 즐거웠어요.”

“그래, 호진아. 또 파도를 타고 싶으면 언제든 오너라.”

“알았어요. 흐흐흐.”

호진이는 생각만으로도 기분이 절로 좋아져서 소리내어 웃었다.


호진이네 가족을 실은 아버지의 자동차는 주문진을 슬슬 빠져나가, 강원도 대관령에 접어들었다.

“어머, 조심하세요. 웬 안개가 이렇게 자욱한지…….”

어머니의 말씀에 호진이는 입 속으로 가만히 되뇌며 창밖을 주시했다.

‘안개? 안개 속에서도 자동차가 안전하게 달릴 수 있는 방법을 찾아봐야겠군. 외갓집아, 안녕!’

강릉은 저 멀리, 아득하게 뒤로 물러나 있었다.


쇠손과 비상 신호등

# 짱이 낳은 짱

　"남일아, 여름방학 잘 지냈니?"

　2학기가 시작된 첫날, 호진이는 학교 화장실에서 소변을 보고 교실로 들어서며 단짝인 친구 남일이에게 인사를 했다. 남일이는 공부도 잘 하지만, 언제나 단정하고 깔끔한 편이다.

　그런데, '그래, 호진이 너는?'이라고 묻기를 기대하며, 만일 그렇게 물어 준다면 주문진 외갓집에서의 신나는 파도타기 등을 막 이야기하려던 참이었는데 남일이는 뜻밖에도 엉뚱한 말을 했다.

　"얼렐레, 호진아! 너 오줌 쌌군?"

　호진이 깜짝 놀라 아래를 내려다보니, 소변을 봤다는 것을 알리기라도 하듯 바지가 젖어 있었다.

　순간 호진이는 어찌할 바를 모르고 당황하여 바지를 손

바닥으로 가렸다.

'이그, 개학 첫날부터 이게 무슨 망신이람? 기분 꽝이
야!'

속으로 생각하며, 수업이 시작되어 자리에 앉아 있는데
도 남일이의 말이 자꾸 떠올랐다. 그러면서도 왜? 그곳에 오
줌이 묻었는지 궁금하여 공부가 제대로 되지 않았다.

그래서 쉬는 시간이 되자, 화장실에 가서 소변을 보고
다시 바지를 보니 또 오줌이 묻어 있었다.

부끄러운 생각이 들었지만 호진이는 다시 소변을 보고,
관찰을 한 결과 소변기에 닿는 오줌 줄기가 튀어서 바지에
묻게 된다는 사실을 알아냈다.

‘어떻게 하면 안전하고 위생적으로 소변을 볼 수 있을 까?’

여러 가지로 궁리를 해 보았지만, 뾰족한 방법이 떠오르지 않았다.

결국 선생님께 여쭈어 보았다. 그러자 선생님은 냇물이 흘러가는 그림을 보여 주셨다.

“이것 좀 보렴. 시냇물이 흐르는데 부딪치는 곳이 없으니 아주 세차게 흐르지. 만약 커다란 바위라도 있으면 물줄기가 조금 쉬었다 갈 텐데…….”

집으로 돌아온 호진이는 참고가 될 만한 책을 모조리 뒤적여 보았지만 찾을 수가 없었다.

밤새 뒤척이다가, 학교에 도착하자마자 화장실로 달려갔다. 소변기에서 멀리 떨어져서 소변을 보자 튀지 않는 점을 발견했지만 마지막에는 소변이 바닥으로 떨어졌다.

‘이것 역시 좋은 방법은 아니군.’

그렇게 며칠이 지난 어느 날, 집에 아버지의 친구분들이 오셨다.

“이 사람, 강릉에 휴가를 다녀왔으면 오징어 다리라도 내놓아야지!”

친구분들의 방문에 갑자기 집안이 술렁거렸다. 술상이

차려지고, 잔이 오가고…….

그러다가 친구분들이 다 돌아가시고 난 뒤, 아버지는 남아 있는 술병을 모아 병과 병을 마주 대고 술을 한 병에 따르셨다.

그런데 술이 밖으로 흐르지 않도록 하기 위해, 한쪽의 병에 나무젓가락을 대놓고 술을 따르셨다.

그 장면을 보는 순간, 호진이는 속으로 기쁨을 감출 수 없었다.

'바로 그거야!'

다음 날, 학교에 간 호진이는 30센티미터 자를 들고 화장실에 갔다.

짱이 낳은 짱

‘됐어! 성공이다. 성공.’

마음속으로 되뇌며 선생님께 말씀드려 둥근 철사망을 구했다.

“호진이는 역시 발명가 기질이 있구나. 함께 가서 실험해 보자.”

호진이는 선생님과 함께 화장실에 가서 호수를 연결하고 물을 뿌렸다. 물은 튀기지 않고 그냥 내려갔다.

“와, 성공이야!”

“좋은 발명을 했구나. 우리 학교 소변기에 철사망을 붙여 모두가 안전하고 편하게 사용하도록 하자.”

“선생님, 감사합니다.”

호진이는 큰 일이라도 해낸 것처럼 어깨가 으쓱해졌다.


“호진아, 축하해!”

다음 날, 친구 남일이의 말에 호진이는 밝게 웃었다.

“남일이 네 덕이다. 히히히.”

“그런데 정말 발명이란 것이 특별한 것이 아닌가 봐. 작은 일이라도 생각을 하고 연구한다면 큰 발명이 될 수 있다는 것을 알았어. 호진아, 나도 발명팀에 끼워 주라.”

남일이는 정말 호진이의 발명생활이 부러운 듯 말했다.

“남일이 너도 드디어 발명에 흥미를 느끼게 되었구나!



꾸러기들의 발명잔치 2

물론 끼워 주고 말고. 우선 상상을 많이 하고, 사물을 유심히 관찰하며, 다양한 각도에서 생각을 여러 갈래로 해봐."

"어쭈, 선생님과 똑같은 말을 하는구나. 그래도 귀에 달콤하다."

남일이도 이제부터는 기계처럼 학교와 학원, 집을 오가며 공부만 되풀이하기보다 자유스러운 생각 속에서 폭넓은 시야를 가져보겠다고 다짐했다.


"호진이가 학교에서 발명을 했다고?"

어느 날, 집에서 저녁을 먹으며 아버지께서 말씀하셨다.

"예, 아빠! 오줌이 튀지 않는 안전한 소변기인데, 아빠께서 힌트를 주셨어요."

호진이의 말에 아버지의 눈이 동그랗게 변했다.

"그래? 내가 언제?"

"친구분들이 오신 날 밤에요……."

"그랬었구나. 하지만 학업도 소홀히 해서는 안 된다. 이제 곧 중학교에 가야 하잖아."

아버지의 말씀에 호진이도 고개를 끄덕였다.

"예, 아빠! 알고 있어요. 그래서 이젠 어떻게 하면 공부를 효과적으로 할 수 있을까를 궁리 중이구요."

그러자, 말없이 밥을 먹고 있던 영인이가 대화 속에 끼여들었다.

"그러다가 알파벳을 뻥튀기해서 영어를 만들겠다는 생각은 아니지? 넌 괴짜 근성이 있어서 걱정된다. 얘!"

이에 질세라 호진이가 눈을 치켜 뜨며 큰 소리로 말했다.

"누나, 걱정 마. 그래도 난 내숭처럼 엉뚱한 발상을 해놓고도 음흉스럽게 안 그런 척하지는 않아."

"뭐야? 저 밥돼지. 괴짜가?"

"흐흐흐, 메롱, 피자돼지!"

혀를 낼름 내밀며 수저를 놓고 엉덩이로 뒷걸음질치는 호진이에게 눈을 흘기는 영인이를 보다 못한 어머니께서 한 마디 하신다.

"영인아, 그러다가 호수같이 맑고 고운 눈 버릴라. 네가 누나니까 이해하렴."

그리고는 달아나는 호진이를 향해서도 야단을 치셨다.

"호진아, 누나한테 그러면 못써! 다음에 또 까불면 혼난다."

바야흐로 시작된 학교생활이 호진이에게 마냥 즐겁기만 한 것은 아니었다.



꾸러기들의 발명잔치 2

“내일은 체력장 검사가 있는 것 알지?”

“예에에~.”

선생님의 말씀에 아이들은 손뼉을 치는 사람, 얼굴을 찡그리는 사람 등 각양각색인데 호진이는 말없이 뒤통수를 긁었다. 표정도 심란했다.

드디어 다음 날.

“에이~.”

아이들의 야유 속에 호진이는 너무나 창피하여 쥐구멍이라도 찾고 싶었다.

체력장 검사 중에 멀리 던지기를 하는데 두 번 다 실수를 했기 때문이다. 한 번은 너무 낮은 각도로 던졌고, 한 번은 너무 높아 하늘 높이 치솟다 떨어진 지점이 바로 호진이의 코앞이었던 것이다.

“45도 높이로 던져야 멀리 나가지.”

선생님께서 시범을 보이시며 던지는 높이를 잡아 주시고는 호진이에게 특별히 기회를 한 번 더 주셨다.

“호진아, 다시 한 번 해봐.”

호진이는 선생님 말씀대로 따라 던졌다. 그제서야 친구들이 ‘와’ 하며 손뼉을 쳤다. 35미터나 던졌기 때문이다.

평소에 공놀이를 별로 즐겨하지 않는 호진이로서는 성



짱이 낳은 짱

45°로
던져봐!

공한 결과라고 할 수 있었다.

'하마터면 또 꽝이 될 뻔했네.'


체력장을 끝내고 집으로 돌아오는 길에 호진이는 여러 가지로 생각을 했다.

집에 도착한 호진이는 무의식중에 TV를 켰다.

'어쨌든 체력장도 끝났으니 심심한데 TV나 보다가 공부해야지.'

마침 TV에서는 전쟁 영화를 하고 있었다. '쿠르르릉' 소리를 내며 대전차포가 연달아 오가고, '쿵야 쿵야' 소리로 요란한 전투 장면은 스릴도 있고, 또 호진이가 보기에 통쾌하기도 했다.

"그래, 그래. 나쁜 놈들은 다 때려 부셔라. 잘 한다. 쿠와와왕 푸."

혼자서 신이 나서 박수를 치던 호진이가 갑자기 행동을 멈추었다. 아군이 쏘아대는 대포의 포신이 45도 정도의 각도로 하늘을 향하고 있는 것을 발견한 것이다.

평소에는 무심코 보아온 장면이었으나 체력장 시간에 선생님께서 하신 말씀을 생각하니, 바로 던지기와 같은 이치인 것 같아서였다.

'그래, 바로 그거다!'



꽝이 낳은 짱

　　호진이는 순간적으로 좋은 구상이 떠올라 무릎을 탁 쳤다. 호진이는 급히 TV를 끄고, 책상 앞에 엎드려 설계도를 그리기 시작했다.

　　골프 공이 들어갈 만한 원통 파이프에 기역자형 구멍을 뚫고, 스프링과 탄창이 부착된 것을 원통 속에 넣어, 탄창 위에 손잡이를 달면 포신이 된다.

　　포신을 받치는 철판에, 포신을 볼트와 너트로 고정시키면 상하로 자유롭게 움직이고, 각도를 알기 위해 포신에 각도기를 부착하고 받침대 밑에 4개의 캐스터로 플라스틱 판을 고정시키면 대포가 되는 것이다.


　　다음 날, 호진이의 설계도를 보신 선생님은 재미있는 착상이라며 매우 칭찬을 해주셨다.

　　그런데 문제가 생겼다. 제작과정에 공작소에 찾아가 의뢰했지만, 타산이 맞지 않는다며 거절을 당했다.

　　아버지께 부탁하여, 친구분의 소개로 겨우 만들 수 있었으나, 첫번째 시도는 실패로 끝났다.

　　'와, 이거 참! 기분 짱이군. 왜 이번에는 이렇게 망신살이 많지?'

　　속으로 투덜거리면서도 호진이는 끝까지 좌절하지 않고 보완을 했다.

　　그리하여 두 달이 지나, 겨울이 가까워서야 작품을 완성하게 되었다. 이번 발명품을 보고 가장 기뻐해 준 사람은 친구 남일이었다.

　　"호진아, 넌 정말 대단하다. 어떻게 이런 생각을 다 했니?"

　　집에까지 찾아와 놀다 가며 칭찬하는 남일이에게 호진이는 미소를 지어 보이며 어른처럼 말했다.

　　"기분이 꽝일 때 주저앉지 않고, 원인을 찾아본 결과야. 왜, 놀림을 당했던 거 기억나? 체력장 때 내가 공을 잘 못 던진다고 말야. 오줌싸개라고 네가 놀렸던 것도……. 그게 다 발명의 실마리가 된 거야. 어쭈! 이렇게 말하고 나니 내가 뭐나 된 것 같다. 히히히."

　　그러자 남일이가 갑자기 착 가라앉은 표정으로 또박또박 읊조리듯 말했다.

　　"널 놀린 것은 미안하다. 그렇지만 나도 어느 책에서 이런 글을 읽은 적이 있어. 어떤 유명한 학자가 세계에서 단 하나 뿐인 책을 썼는데, 그 책을 쓰게 된 동기는 발에 병이 나서 잘 걷지도 못하고, 뛰지도 못해 책만 읽게 된 거래. 그 분 말씀이 30년 동안 발병을 앓으며, 가장 기억력이 왕성한 젊은 시절에 책을 많이 읽게 되어 결과적으로 보통 사람은 엄두도 못 낼 일을 하게 된 거라며, 발에 병이 나게 하신 하


꽝이 낳은 짱

나님께 감사하더라. 왜냐하면 그 발병이라는 게 알고 보니 발뒤꿈치에 머리카락 같은 철사가 들어가 통증을 일으켰던 거래. 그걸 모르고 평생 고통을 당했지만, 오히려 그 고통이 행운이 된 거라나…….”

“그래, 남일아! 발명도 마음먹기에 달린 것 같아. 너도 한번 해봐.”

“알았어, 호진아. 나도 생각 중이다.”

호진이와 남일이는 서로 손을 꼬옥 마주 잡았다.


“이게 네 작품이란 말이지?”

퇴근하신 아버지는 신기한 듯 작동을 해보시며, 같은 말을 자꾸 되풀이했다.

“예, 아빠!”

그리고는 장난감 대포알이 나가는 것을 보시고 어린애처럼 좋아하셨다.

“각도따라 거리를 조절할 수 있으니까, 줄낚시할 때 떡밥 던지는 기구로도 사용하면 좋겠는데…….”

강릉에서의 낚시를 떠올리신 것이다.

그러자 곁에 있던 영인이도 발그레 미소를 띠우고 한 마디 거들었다.

“호진아, 대포알에 낙하산을 달면 어떻게 될까? 재미있을 것 같은데.”

“낙하산? 누나, 그것도 재미있는 발상이야. 생일이나,
축하행사 때 풍선, 낙하산 다 달아 보면 좋겠다. 그지?”

“으응, 어쨌든 호진이는 괴상하고 멋진 생각만 하는구
나.”

모처럼 만에 듣는 누나의 칭찬에 호진이는 마치 에디슨
이라도 된 것처럼 어깨를 으쓱거렸다.

“히히, 기분 쨩이야!”

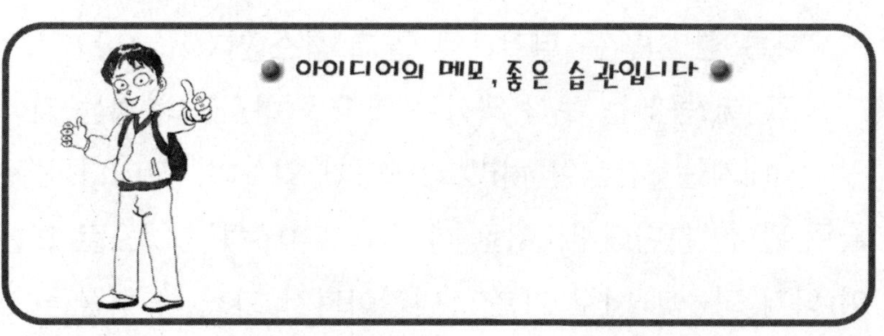

# 즐거운 청소시간

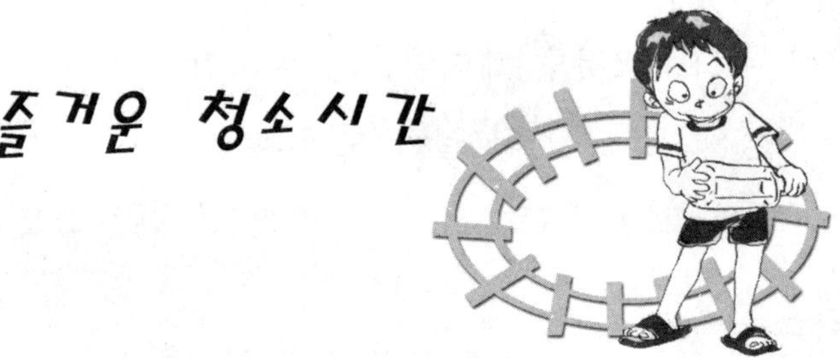

"남일아, 힘들지?"

어느 날, 남일이는 학교에서 수업이 끝나자 호진이와 함께 교실 청소를 하게 되었다.

"응, 그런데 청소할 때 제일 힘드는 건 책상 나르기 같아."

사실 학교에서 청소할 때 힘드는 일 중 하나는 교실 바닥을 비로 쓸고, 밀걸레로 닦고 나서 책상을 나르는 일이다.

한 분단을 같이 청소하는 두 학생 중 한 사람은 비를 들고, 다른 한 사람은 밀걸레를 들고 청소한다.

그런데 문제는 누가 책상과 걸상을 나르느냐 하는 것이었다. 대개는 서로 안 하려고 버티기 일쑤다. 그러다가 두 줄로 된 한 분단에서, 서로 한 줄씩 맡아 하는 것으로 결론이 나게 되는데 서로 기분이 언짢아져서 죄 없는 책상을 사



꾸러기들의 발명잔치 2

정없이 끌어당기게 마련이다.

이 때 나는 소리는 학교 건물이 흔들릴 정도로 큰 소음이다. 그 소음에 질리셨는지 선생님께서도 책상을 끌지 말고, 하나하나 들어서 나르라고 말씀하셨다.

다행히 이번에는 한짝인 호진이와 청소 당번이 되어 사이좋게 들어서 나르게 되었지만…….

남일이는 생각했다.

'왜 서로 책걸상 나르기를 싫어하는 것일까?'

남일이의 머릿속으로 많은 생각들이 빠르게 지나갔다.

'그래, 우리 학생들에게는 책상만도 무거워. 그런데 걸상까지 있다. 무거운 책걸상을 한꺼번에 끌지 않고 들어서 나른다는 것은 너무 힘든 일이다. 그래서 책걸상 나르는 일은 서로 하지 않으려고 하는 것이 아닐까?'

생각이 여기까지 미치자, 남일이는 속으로 부르짖었다.

'그래, 내가 책걸상을 쉽게 나를 수 있는 방법을 찾아보아야겠어! 그래서 우리 나라, 아니 청소를 해야 하는 세계의 모든 학생 친구들의 불편함을 없애 줘야지! 방법이 뭘까?'

남일이는 이 일로 여러 가지 조사를 해보았다.

이미 책걸상에 바퀴를 달자는 아이디어가 나와 있긴 했으나, 실제 판매되고 있지는 않았다.

'그 바퀴에 잠금 장치를 부착하여 청소할 때만 쉽게 구를

수 있도록 하면 어떨까?'

　이런 생각도 해보았지만, 그 많은 책상들에 일일이 장치를 하는 것도 보통 일이 아닐 것 같고, 또 경제적이지 못할 것 같은 생각에 남일이는 스스로 벽에 부딪친 듯한 느낌이 들었다.

　'어휴, 복잡해! 발명이란 것이 그리 쉬운 일은 아니구나. 달리 뾰족한 방법이 없나?'

　그러다가 남일이는 문득 이런 생각을 했다.

　'청소 시간에 사용하는 청소 도구들은 어차피 청소할 때 사용하는 것들인데, 책걸상에 뭔가를 직접 장치하는 대신 청소 시간에 사용할 비나, 밀걸레 같은 청소 도구의 구조를 조금 바꿔 책걸상 나르는 데 좀더 편리하게 사용한다면?'

　그러자 남일이는 문제 해결의 실마리를 잡은 듯하여 매우 기뻤다.

　책걸상을 나를 때 학생들은 허리를 다소 구부린다. 왜냐하면 무거운 책걸상을 들기 위해서 몸의 무게 중심을 낮추어야 하기 때문이다.

　'그렇다면? 비! 바로 비야!'

　남일이는 갑자기 속으로 쾌재를 부르며 집으로 돌아가는 길에 철물점에 들렀다.

　"아저씨, 비 두 자루 주세요."

“그래, 알았다.”

남일이는 비 두 자루를 들고 날 듯이 집으로 달려갔다.

우선 하나의 비에서 빗자루 부분을 잘라내어, 다른 비의 빗자루에 연결했다.

빗자루의 길이가 늘어나서, 허리를 펴고 선 채로도 비질을 할 수 있었다.

‘됐어. 비야! 너는 어차피 청소 도구로 태어난 몸이다. 이제부터 내가 너를 새롭게 변신시켜 줄게.’

이어서 남일이는 빗자루 아랫부분에 톱을 이용하여 홈을 파기 시작했다.

홈의 윗부분은 비스듬하게 파냈고, 아랫부분은 움푹 파이도록 만들었다.



즐거운 청소시간

'자, 이제 식탁 의자로 실험해 보는 거야.'

남일이는 이리저리 집안을 둘러보다가 식탁을 발견하고 비의 홈을 의자 다리에 끼우고 비를 잡아당겼다.

실험 결과 비의 홈을 의자 다리의 정중앙에 놓고 당기지 않으면 의자가 똑바로 잡아당겨지지 않았다. 또한 빗자루의 홈은 의자 다리 위에서 미끄러지기도 했다.

'이건 아닌데. 마찰이 작기 때문일까? 옳지. 바로 저거다.'

남일이는 어머니가 쓰시던 해어진 고무장갑을 찾아 홈에 끼일 정도의 크기로 잘라 그 안에 고무를 대었다.

그리고는 다시 한번 의자를 잡아당겨 보았다.

'좋았어! 비가 미끄러지지 않고 의자를 잘 잡아당기는군.'

그리고 의자가 한쪽으로 쏠리는 현상에 대해서는 또 다른 장치를 하는 것보다 왼손으로 의자를 살짝 잡으면서 당기는 일로 간단히 해결하였다.


다음 날, 아침 일찍 일어난 남일이가 학교에 갈 준비를 하자, 어머니께선 별일이라시며 아침 식사를 서둘러 준비해 주셨다.

"웬일이야? 남일이가 이렇게 일찍 서둘고……. 당번이


꾸러기들의 발명잔치 2

니?"

"아니에요, 엄마."

어머니가 차려주시는 밥도 먹는 둥 마는 둥, 남일이는 곧 바로 집을 나서서 줄곧 뛰다시피 학교로 달려갔다.

학교에 도착할 때까지 기분은 무척 상쾌했다. 널따란 운동장도 조용하고, 묵묵히 서 있는 아름드리 느티나무도 신선하고 정겨운 느낌이 들었다.

'와, 기분 좋다.'

아무도 없는 교실에서 남일이는 책걸상을 나란히 놓고, 책상 앞에 서서 책상 밑을 통해 걸상의 수평 다리에 비의 홈을 끼웠다. 그리고는 왼 손으로 책상의 한쪽을 가볍게 잡으면서 비를 쭈욱 잡아당겨 보았다.

물론 허리를 숙이지 않고도 편하게 잡아당길 수 있었다.

다음 순간, 의자 앞다리가 약간 들어 올려졌다.

'어, 된다. 조금만 더!'

의자에 의해 책상도 약간 들려서, 계속 책걸상을 잡아당겼다.

역시 책걸상의 앞다리들이 들어 올려진 채 끌려 왔고, 그 탓에 책걸상이 교실 바닥에서 미끌리는 소리가 아주 작게 들려 왔다.

'됐어, 성공이야!'

　남일이는 자신이 만들어 낸 비가 책걸상을 편리하게 나르는 것은 물론이고 소음마저 해결하는 결과가 되었다는 생각에 훨훨 날아오를 것처럼 기뻤다.

　남일이는 실험을 끝내고, 여느 때처럼 아무렇지도 않게 책상 앞에 앉아 공부를 했다.

　평소에도 거의 책상 앞에 앉아 있는 남일이를 눈여겨보는 사람은 없었다.

　"남일아, 일찍 왔구나?"

　단짝인 호진이가 의자 위에 책가방을 내려놓으며 말했다.

　"응, 호진아. 어서 와."

　남일이는 속으로 호진이를 놀래줄 생각으로, 비에 대한



꾸러기들의 발명잔치 2

이야기는 하지 않고 엉뚱한 말을 늘어놓았다.

"남일아, 근데 너 좀 이상하다?"

호진이의 말에 남일이가 시치미를 떼며 물었다.

"응? 왜? 뭐가 이상해."

"평소보다 말이 많아졌어. 뭔가 좋은 일이라도 생긴 것 아냐? 늘 샌님처럼 다소곳하고 점잔만 뺐잖니."

그러자 남일이는 자기도 모르게 실소를 터뜨리고 말았다.

"뭐! 샌님? 내가 그랬어? 후후후."

"야, 정말 뭔가 있어. 내숭 떨지 말고 털어놔 봐. 박내숭이라고 우리 누나만 내숭인 줄 알았더니 여기 또 한 사람 있잖아."

그 말에 남일이는 결국 크게 웃음을 터뜨리고 말았다.

"와하하, 헷헤헤……. 못 참겠다. 호진아, 날 더러 내숭이 뭐냐, 내숭이……."

"그러니까 털어놔 봐. 여자 친구라도 생겼니? 넌 미남이라서 안 그래도 여자애들이 너만 보면 허리를 배배 꼰다고 소문이 무성하다. 히히히."

그러자 남일이는 손을 번쩍 치켜들고 항복의 표시를 했다.

"호진아, 그만 해. 누가 들으면 내가 바람둥이라도 되는 줄 알겠다. 유도심문 그만 해라. 다 말할게."

호진이는 그제서야 목소리를 낮췄다.

"그러니까 날 속일 생각은 마라. 내 별명이 뭔지 아니? 괴짜다, 괴짜. 내 멋대로 짜맞추기 전에 이실직고 해! 남일아, 흐흐흐."

둘이 입씨름을 하는 사이 친구들이 하나 둘 호진이의 주변으로 모여들기 시작했다.

"말할게. 그런데 호진아, 이제 곧 수업이 시작되니까 청소 시간까지만 기다려다오. 됐지?"

"와, 역시 남일이는 생각이 깊구나. 좋아! 어쨌든 그 때까지는 기다려 주겠어."

호진이의 말에 모여들었던 친구들이 하나 둘 흩어졌다.

"치이, 우린 또 뭐 대단한 비밀이 있는 줄 알았더니……."

"그래, 너무 싱겁다."

그러자 호진이가 말했다.

"짜쟌! 다음 호를 기대해 보시라."


수업시간은 금방금방 지나갔다.

드디어 청소 시간이 되었다. 호진이는 청소 당번이 아닌데도 비를 꺼내들고 설치는 남일이를 빤히 쳐다보며 말했



꾸러기들의 발명잔치 2

다.

“남일아, 우리 청소 당번은 어제로 끝났잖아.”

“응, 알아. 오늘은 보너스다.”

그러면서 남일이는 친구들 앞에서 보라는 듯 자랑스럽게 청소를 시작했다.

“남일아, 우선 비밀부터 이야기하고 청소해라. 나는 가야 해.”

호진이의 재촉에도 남일이는 빙그레 미소만 지었다. 할 수 없이 남일이의 청소하는 모습을 지켜보고 있던 호진이가 두 눈을 점점 크게 뜨기 시작했다.

“어? 남일아. 이거였어? 네가 드디어 발명가가 되었구나!”

“별 거 아냐.”

그러나 힘도 들지 않고 소리도 덜 내며 묵묵히 청소하는 남일이의 태도와 비를 번갈아 보며 친구들은 멍하니 서 있었다.

“애들아, 궁금하면 한 번씩 사용해 봐. 그리고 소감을 말해 줘.”

남일이는 친구들 모두가 한 번씩 사용해 보도록 비를 돌렸다.

제일 먼저 호진이가 사용해 보더니 엄지손가락을 들어



즐거운 청소시간

교훈
정 직
단원 목표:
학습 목표:

올려 보였다.

"정말 좋은 비다."

"진짜야!"

친구들 모두가 진짜 좋은 비라고 평가해 주었다.

"흐흐흐, 발명의 기쁨이 이런 거였구나. 호진아, 이제 알겠어. 난 정말 행복해!"

남일이는 발명의 기쁨을 맛보며, 개구쟁이처럼 모자를 뒤로 젖혀 쓰고 교실 안을 뱅뱅 돌았다.

"행복한 정도가 아니라 황홀할 걸. 내가 처음에 그랬으니까. 흐흐흐. 남일이가 딴 사람이 됐구나."

호진이도 덩달아 오리 춤을 추며 남일이의 뒤를 따랐다.

그러자 마침 그 때 교실을 둘러보러 오셨다가 이 모습을 목격하신 선생님께서도 소리내어 웃으셨다.

"허허허, 녀석들! 보기 좋구나. 이러다가 우리 반 모두 발명가가 되겠어. 허허허! 남일아, 잘했다."

선생님의 말씀에 친구들이 모두 남일이를 향해 손뼉을 쳤다.

어디선가 제법 쌀쌀한 바람이 창문을 기웃거리고 있었다. 이제 점점 추위가 다가오고, 한 학기가 지나가며, 온갖 과일과 열매들이 풍성하게 익어가는 결실의 계절이 다가온 것이다.

　어느 날 점심 시간, 호진이와 남일이, 그리고 친구들이 당당하게 교실 앞으로 걸어 나왔다.

　한 손에는 빗자루, 다른 한 손에는 걸레가 들려 있었다. 마치 금방이라도 전투를 치러야 하는 백전노장처럼 아이들의 눈빛은 결의에 차 있었다.

　남일이가 편리한 비를 발명한 후로 호진이네 반 교실은 어느 반 보다 더 깨끗해졌고, 또 조용해졌다.

　뿐만 아니라 청소를 하고 난 후, '청결의 미학'을 알고 난 반 친구들은 무엇이건 더러운 것이 있으면 깨끗이 청소하거나, 닦아야 직성이 풀리는 깔끔한 아이들로 변신한 것이다.

　"너희들 정말 할 수 있겠니? 괜히 일거리만 더 만드는 것 아니니?"

　선생님은 호진이와 친구들의 뒤를 걱정스러운 눈으로 바라보고 계셨다.

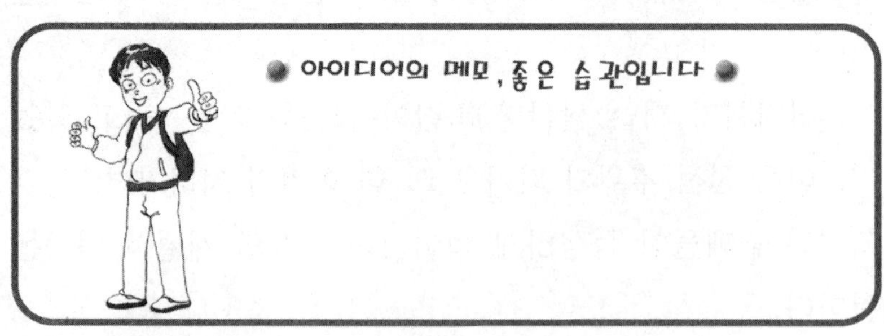

# 내 친구는 맥가이버

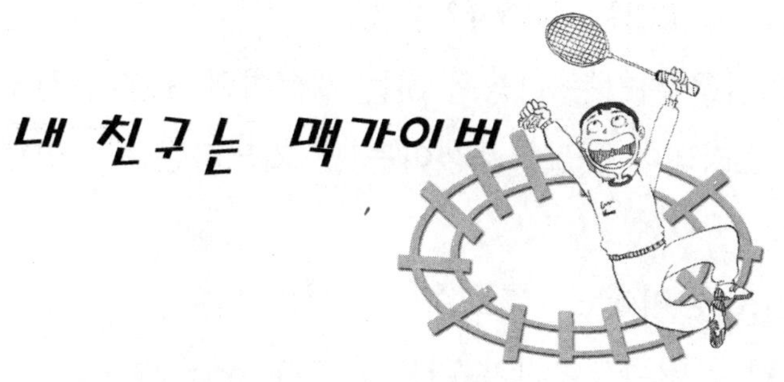

　호진이와 남일이, 그리고 반 친구들 몇 명이서 교실 밖으로 나서자 선생님은 복도까지 따라 오시며 재차 말씀하셨다.

　"정말 괜찮겠지?"

　그러자 덩치 큰 서길이가 마침내 굵직한 목소리로 대답했다.

　"선생님, 그렇게 못 미더우세요? 이래봬도 저희 모두 세차 경력이 한 달이 넘었어요."

　그와 동시에 서길이는 솥뚜껑만한 자신의 손바닥을 쫘악 펼쳐 보였다.

　선생님의 격정스런 표정이 다소 누그러지자, 맨 뒤에서 따라 나오던 우량아형 재성이가 애교스런 여자 목소리를 흉내내어 말했다.

"선생님, 수고비는 없나요? 호호."

손으로 입을 가리는 시늉을 하는 재성이의 모습에 친구들은 와하 소리내어 웃고, 재성이는 또 가느다란 목소리로 말했다.

"저, 미스 송이에요. 호호호, 어머?"

"쟤가 남자 맞아? 여자 같다!"

"히히히, 우헤헤헤."

친구들의 장난 섞인 말과 웃음을 끝으로 세차가 시작되었다. 어느 날, 호진이와 친구들이 선생님의 더럽혀진 차를 보고 막무가내로 세차를 해드리겠다고 졸랐던 것이다.


아이들은 먼저 자동차의 안쪽을 쓸어냈다. 앞좌석과 뒷좌석 사이사이의 먼지를 쓸어내고 바닥을 쓸었다.

그런데 어찌나 흙이 많던지 아이들이 조금씩 투덜대기 시작했다.

"매트가 깔려 있는데도 어떻게 흙이 여기까지 묻어 있는지 모르겠네."

재성이가 한 마디 하더니, 몸을 좌석 밑으로 숙이고 먼지를 쓸어냈다.

간신히 다 쓸어내자, 서길이가 말했다.

"아무래도 선생님께선 우리가 세차해 드릴 줄 아셨나 보



꾸러기들의 발명잔치 2

다. 아니면 이렇게까지 차를 더럽히실 이유가 없는데 말이
야.”

　“정말 그런 것 같다. 아휴!”

　호진이가 맞장구를 치고 있는데, 그 때 마침 선생님이
나오셨다.

　“선생님, 매트 밑에 흙이 얼마나 들어가 있었는지 선생
님은 모르실 걸요. 차라리 매트를 깔지 않는 편이 낫겠어
요.”

　재성이와 아이들이 더럽혀진 매트를 가리키며 입을 삐
죽거렸다.

　그러자 선생님께서도 안다는 듯이 차분한 목소리로 말
씀하셨다.

"그러게 말이다. 매트가 더러움을 방지하는 효과도 그다지 크지 않고, 오히려 위험하단다."

아이들은 의외의 말씀에 놀라는 표정을 지었다.

"위험하다고요?"

호진이가 반문하자, 선생님께서 말을 이으셨다.

"장거리 운전을 할 때는 간단한 체조로 피로를 푼단다. 저번에 시골에 다녀왔거든. 그런데 도중에 발이 저려서 발목을 약간 움직였더니 갑자기 발이 쭉 밀리면서 균형을 잃을 뻔하지 않았겠니. 그것도 고속도로에서 말이야."

아이들은 알았다는 듯이 고개를 끄덕였다. 모두들 심각한 표정이었다.

"매트가 앞으로 움직여서 사고가 날 뻔한 것이군요."

남일이의 말에 선생님이 대답했다.

"아마도 매트 밑에 모래 같은 것이 깔려 있어서 매트가 움직였었지."

선생님의 이 말씀 한 마디가 서길이의 머릿속에 깊이 새겨졌다.


"야! 끝이다. 빨래 끝!"

재성이의 넉살에 아이들은 저마다 홀가분한 심정으로 웃었지만, 서길이는 세차가 끝난 뒤에도 선생님의 말씀이



꾸러기들의 발명잔치 2

잊혀지지 않았다.

서길이의 아버지는 사업을 하시고, 어머니는 자가 운전으로 출퇴근을 하시는 회사원이시다. 그래서 두 분 다 불가피하게 운전을 하시는 분이었다. 그래서 선생님의 말씀이 남의 일처럼 들리지 않았던 것이다.

'우리 아빠, 엄마도 운전을 하시는데 선생님 같은 경우를 당하면 어쩌지?'

서길이의 머릿속으로 떠올리고 싶지 않은 처참한 사고 광경들이 필름처럼 지나갔다.

'안 돼! 움직이지 않는 매트를 만들어 봐야겠어. 매트가 움직이지 않는다면 그런 위험은 전혀 생기지 않을 테니까…….'

서길이는 그 때부터 골똘히 생각하기 시작했다.

'그래, 운전할 때는 붙였다가 청소할 때 떼어낼 수 있는 매트! 그걸 만드는 거야.'

서길이의 머릿속에 여러 가지 재료들이 떠올랐다. 접착제, 자석, 단추…….

동원해 낼 수 있는 것은 모두 생각해 보았지만 적당한 것은 나타나지 않았다.

'접착제는 단 한 번밖에 사용할 수 없고, 자석은 가장 이상적이기는 한데 차 바닥에 설치하는 것은 좀 까다로울 것

같고…….'

결국 서길이는 생각다 못해, 깊은 고민에 빠졌다.


"야, 강서길. 요즘 무슨 고민이 있니? 왜 말이 없어졌어. 정신나간 사람처럼 멍하니 앉아 있고……."

어느 날, 재성이가 지나가는 말로 물었다. 그러자 그 말을 들은 남일이가 심각한 표정으로 물었다.

"혹시, 왕따를 당하기라도? 누구야, 누구!"

"왕따! 거 좋지. 꼭 나쁜 것만은 아니더라구. 내가 처음에 맥가이버 행세를 했더니 날 보고 모자라는 아이라며 돌려세웠거든……. 내 심오하고 깊은 뜻은 모르는 채. 한사안 섬/ 문(달)바알근 밤에/ 수루우에 혼자 앉아/ 대 카알 옆에 차고/ 깊으은 시름 하는 카(차)에……."

호진이가 태연히 앉아 한 마디 하는 바람에 서길이는 웃음을 참느라 애를 쓰며 한 가닥 희망을 걸고 입을 열었다.

"맥가이버, 너 혹시 붙였다 떼었다를 완전하게 여러 번 할 수 있는 것 생각나는 것은 없니?"

"그거야 간단하지. 매직 파스너 같은 것 말야. 어린이들 운동화에 달려 있잖니!"

호진이의 말에 서길이는 순간적으로 망치에 얻어맞은 듯한 충격을 받았다.



꾸러기들의 발명잔치 2

내 친구는 맥가이버

'이렇게 쉬운 해결책을 찾지 못하고 있었다니!'

그제서야 서길이는 표정이 밝아지며 큰 소리로 말했다.

"오, 맥가이버! 호진이 너는 과연 맥가이버다."


서길이는 학교에서 수업이 끝나자마자 곧바로 매직 파스너를 구하기 위해 총알처럼 달려나갔다.

"서길아, 같이 가!"

재성이와 남일이가 뒤에서 불렀지만, 서길이는 뒤도 돌아보지 않은 채 큰 소리로 말했다.

"다음에, 내 발바닥에 불났어!"

그러자 재성이가 남일이를 돌아보며 물었다.

"쟤가 뭐라는 거야? 어느 나라 말인지 구분이 안 가네."

"놔 둬라. 바퀴벌레라도 본 모양이다."

"바퀴벌레? 그건 바로 서길이의 별명인데……. 워낙 빠지는 날이 없이 밤마다 PC방에 나타난다고."

"그래? 금시초문이다."

남일이와 재성이가 이야기를 주고받으며 교문을 빠져나왔을 때는 서길이 매직 파스너를 가방 안에 쑤셔 넣고 있을 때였다.

"그나저나 진짜 바퀴벌레처럼 빨리도 사라졌다. 츠츠."

"그래, 정말 죽인다."



꾸러기들의 발명잔치 2

집에 도착한 서길이는 아버지와 어머니의 귀가 시간을 기다리느라, 문소리만 들려도 귀를 쫑긋거렸다.

서길이에게 이 날처럼 하루가 긴 적은 일찍이 없었다.

해가 뉘엿뉘엿 서쪽 하늘을 빨갛게 물들이며 몸을 감추고, 어둠발에 가로등이 하나 둘 빛을 발하는 늦은 시간 어머니의 목소리가 현관으로 밀려들었다.

"서길아, 아빠, 엄마다."

"와, 아빠, 엄마! 다녀오셨어요?"

튕기듯 방문을 열고 나와 허리를 구부리는 서길이의 태도에 부모님은 어안이 벙벙하신 눈치였다.

"아빠, 엄마, 차 키 좀 주세요."

"차 키? 또 담벼락을 들이받으면 어쩌려고! 안 돼."

"그게 아니에요. 잠깐 할 일이 좀 있으니까 염려 마세요. 시동을 켜지는 않을 게요."

마침내 서길이는 아빠의 자동차 운전석에만 매직 파스너를 달았다.

"깜깜한데 대체 뭘 하겠다는 거냐?"

"다 됐어요. 잠깐이면 됩니다."

서길이 일을 마치고 보니 매트가 자동차의 바닥에 찰싹 달라붙어 있어서 보기에도 좋았다.

"아빠, 이제 한 번 앉아서 움직여 보세요."



내 친구는 맥가이버

"오, 그래! 바로 이거였구나. 기특하게도……. 어디 보
자."

아버지는 매트가 한쪽으로 쏠리지 않아 매우 좋다며 칭
찬을 아끼지 않으셨다.

"이제 엄마 자동차 차례예요."

"녀석, 이건 효도 매트라고 해야겠다. 아들이 아빠, 엄
마를 사랑해서 발명했으니……."

아버지의 말씀에 서길이의 입이 더욱 벌어졌다.

"히히히."

서길이는 어머니의 자동차에도 매직 파스너를 달았다.


"밤 공기가 제법 찬데. 부자지간에 뭘 하느라 이제 들어


꾸러기들의 발명잔치 2

오세요?"

안에서 저녁상을 차리시던 어머니가 안으로 들어서는 아버지께 물었을 때, 아버지는 아들을 향해 한쪽 눈을 찡긋 감아 보였다.

"뭘 했느냐고? 모처럼 부자지간에 데이트 한번 했지. 어, 기분 쨩이다."

서길이 또한 목소리를 바리톤으로 굵게 바꾸어 말했다.

"어, 좋은 밤이야, 헤헤헤."

영문을 몰라 어리둥절해 하시던 어머니가 아침 출근길에 운전석으로 올라앉을 때까지, 서길이와 아버지는 둘만의 비밀로 가슴이 설레었다.

"어머, 이게 좋아졌네. 구두를 신고 운전하다 발이 미끄러지면 정말 대책 없이 놀라곤 했는데……."

"이제 알았어요? 다녀오세요."


서길이는 방과 후에 선생님의 자동차에도 매직테이프를 달아 드렸다.

"선생님, 어때요?"

옆에 있던 남일이, 호진이, 그리고 재성이까지 손뼉을 치며 묻자 선생님은 싱글벙글 웃으시며 칭찬을 하셨다.

"돈만 밝히는 수전노에, 바퀴벌레인 줄 알았더니 이렇게


내 친구는 맥가이버

멋진 발명도 하네.”

“앗, 선생님! 제 별명을 어떻게 아셨어요? 설마 짤리는 건 아니겠죠? 선생님.”

엄살을 부리며 비는 시늉을 하는 서길이에게 선생님은 아버지처럼 어깨를 두드리며 말씀하셨다.

“부모님이 맞벌이 부부이신 경우에 대개는 야행성이 있지. 그렇지만 서길이처럼 때를 아는 바퀴도 있고……. 헛허허.”

그러자 서길이 농담을 되받으며 즐겁게 웃었다.

“선생님, 사용료는 얼마나 받을까요?”

그러자 재성이가 끼여들었다.

“야, 이 수전노!”

그 말에 남일이가 한 마디를 던졌다.

“너무 그러지 마라, 바퀴는 기름을 잘 칠해야 돌아가잖니.”

그 때까지 잠자코 서 있던 호진이가 점잖게 말했다.

“발명하는 바퀴라, 멋진 바퀴다.”

“뭐야? 이 못된 녀석들, 거기 서.”

서길이가 뛰는 시늉을 하자, 새의 깃털 빠지듯 아이들이 꽁지를 빼며 마구 뛰기 시작했다.

어느 새 교정 안의 느티나무들이 한 잎 두 잎 낙엽을 떨



꾸러기들의 발명잔치 2

구고 있었다.


　호진이는 집으로 돌아오는 길에 서길이처럼 매직 파스
너를 사서 아버지의 승용차에 달아 드려야겠다고 생각하고,
친구들과 나란히 교문을 나섰다.
　"호진아, 남일아, 재성아 잘가!"
　"응, 서길이, 너도."
　"안녕."
　손을 흔들며 친구들과 헤어진 후 호진이는 집 근처 횡단
보도에서 길을 건너기 위해 신호등에 파란 불이 떨어지기를
기다리고 있었다.
　그 때 봉고차 한 대가 시커먼 매연을 확 뿜으며 지나갔
다. 그러더니 또 이어서 트럭, 승용차, 심지어 오토바이까
지 꽁지에서는 연기, 몸체에서는 요란한 소음을 내며 휙휙
지나갔다.
　'아휴, 이 소음에 매연……. 이 대기 오염을 막을 수 있
는 방법은 없나?'
　혼자서 깊은 생각에 잠겨 있다가 신호등에 녹색불이 들
어오는 것을 보고 횡단보도를 건너려는데, 어디선가 영인이
누나의 목소리가 날카롭게 들렸다.
　"호진아, 위험해!

# 호진이의 발명일기

　　호진이는 길을 건너려다 말고, 누나의 목소리에 주춤하며 제자리에 섰다.

　　그 때 승용차 한 대가 급하게 휙 지나갔다.

　　녹색 신호등이라 호진이가 안심하고 길을 건너려던 때였다. 신호등이 바뀌기 전에 사거리를 건너려고 빠르게 질주하던 차량이 신호가 바뀌었어도, 가속도가 붙은 탓에 미처 정지하지 못하고 내달렸다.

　　그것을 호진이는 큰 트럭에 가리워진 탓에 미처 발견할 수 없었다.

　　'후유, 큰일날 뻔했구나.'

　　자동차가 움직이지 않고 정지해 있는 것을 확인한 호진이는 그제서야 천천히 무사하게 길을 건널 수 있었다.

　　그러나, 놀란 가슴을 추스르는 데는 한참이나 걸렸다.



꾸러기들의 발명잔치 2

“호진아, 그러니까 녹색 불이 들어와도 일단 좌우를 살펴봐야지! 내가 보았으니 다행이지 안 그랬으면 어쩔 뻔했니?”

마침 비슷한 시간에 수업이 끝나 집으로 돌아오던 누나의 걱정에 호진이는 길게 숨을 몰아쉬며 말했다.

“평소에는 꼭 돌아보는데, 잠시 딴 생각을 하고 있었어. 게다가 옆에 선 커다란 트럭이 시야를 가리고 있었고, 아무튼 누나, 고마워!”

호진이는 누나와 함께 집으로 돌아오면서 골몰히 생각에 사로잡혔다.

‘신호가 바뀌는 것을 미리 알 수 있다면, 운전자나 보행자가 서두르지 않아도 될 텐데…….’

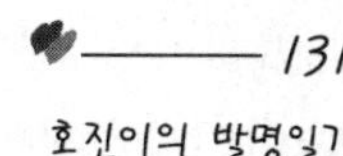

그래서 우선 신호가 바뀌는 시간을 재보기로 하고, 다음 날인 일요일 오후에 다시 네거리로 나갔다.

'시간도 있고 하니 시간을 재보자.'

그 결과 보행자 신호등은 60초 동안 지속된다는 것을 알 수 있었다.

'이렇게 정확하게 신호가 바뀌는데도 사람들이 그것을 미리 예측할 수 없어 사고를 낸다니. 참 안타까운 일이야!'

신호가 바뀌는 것을 미리 알릴 수만 있다면 늘 운전을 하시는 아버지를 위해서도 좋은 일이 될 것 같다고 생각하며 호진이는 집으로 향했다.

다시 생각해 보니, 이 세상에는 인간들의 생활을 이롭게 하거나 편리하게 하기 위해 만들어진 발명품들이 참 많았다.

교통수단인 자동차, 비행기, 선박, 자전거, 오토바이 등이나 가정에서 쓰이는 생활용품인 세탁기, 냉장고, 전자레인지, 각종 가스 오븐, 전자밥솥, 부엌칼, 그리고 학생들이 즐겨 이용하는 컴퓨터, 피아노, 책상, TV 등……

그런데 이 크고 작은 발명품들이 생활을 편리하게 할 뿐만 아니라, 경우에 따라서는 사람을 다치게 하거나 위협하는 사고의 원인이나 무기가 되기도 한다.

예를 들어 자동차로 인한 교통사고, 비행기 추락사고,



꾸러기들의 발명잔치 2

배의 침몰 등 사고로 인한 인명피해로 얼마나 많은 사람들이 부상을 입거나 죽었는가?

호진이의 뒷자리에 앉은 태원이의 아버지도 작년에 교통사고로 돌아가셨다.

호진이가 좋아하는 선미의 어머니는 급발진 사고로 현재 종합병원 중환자실에 누워 계신다.

아마 한 반에서, '가족 중에 교통사고 경험이 있는 사람 손 들어 보라'고 한다면 많은 아이들이 손을 들 것이다.

그뿐이 아니다. 오토바이나 컴퓨터 같은 것은 또 어떤가?

며칠 전 뉴스에 오토바이 폭주족이 과속을 하다 가로수를 들이받고 두 명이 죽었다고 말했다.

이제 컴퓨터를 모르면 한글을 모르는 것과 똑같다고 한다. 모든 사무, 통신, 은행업무, 심지어 구멍가게의 영수증까지 컴퓨터로 조작되기 때문이다.

그런데 이 기계들도 잘못 사용하면 오히려 사람들의 영혼을 마비시키거나, 바보로 만들고, 해롭게도 한다.

그러므로 온갖 발명품들은 좋은 용도로만 사용되어야 하고, 적절히 이용되며 안전이 우선되어야 할 것이다.

호진이는 이런 생각 속에 집으로 돌아와서는 평소 모아 두었던 잡동사니들을 모두 꺼내 놓았다.

호진이의 방은 마치 고물상 같았다. 평소 발명에 관심이 많고, 그간 발명해낸 물건도 꽤 되니 그럴 수밖에 없었다.

'자, 타이머로 쓸 만한 시계는 없나?'

호진이는 깜박이등을 신호등으로 삼아 타이머를 부착하고, 어떻게 하면 점등을 알릴 수 있을까를 궁리해 볼 생각이었다.

그러나 하루종일 씨름을 했어도 쉽사리 좋은 방법은 떠오르지 않았다.

그러던 중에 어머니께서 부르셨다.

"호진아, 배드민턴 안 칠래?"

어머니가 운영하시는 문방구점은 일요일은 문을 닫기 때문에, 호진이는 어머니와 함께 가끔 배드민턴을 쳤다.

마침 생각도 잘 떠오르지 않고 답답하던 참이라 호진이는 자리에서 벌떡 일어나며 대답했다.

"예, 엄마. 나가요."

호진이가 방 밖으로 나서자, 영인이도 자기 방에서 나왔다.

"엄마, 저도요."

"그래, 오늘은 아이스크림 내기 하자."

"와, 신난다. 야호!"

근처에 있는 공원으로 가서 어머니와 호진이, 누나 세 사람이 번갈아가며 배드민턴을 치는 사이에 날이 어두워졌다.

"아휴, 얘들아. 공이 잘 안 보인다. 저기 가로등 밑으로 가자."

시력이 약한 어머니는 미안하다며 가로등 밑에서 치자고 하셨지만, 곧 눈이 아프다고 하셨다.

"얘들아, 오늘은 엄마가 졌다. 가서 아이스크림 사오너라."

"이히히, 엄마. 미안해용."

호진이는 어머니께서 내미는 지폐를 받아들고 냅다 뛰었다.

"오늘은 어두워서 내가 졌지만, 다음에는 안 질거다. 다음 주일은 일찍 시작하자."

"알았어요. 엄마! 하지만 저도 질 마음은 요만큼도 없으니까 각오하시와요. 어마마마! 홋홋홋."

영인이의 말에 모두들 소리내어 웃었다.

"자, 이제 가자. 아빠 돌아오실 시간이다."

"예에."

호진이는 집으로 돌아오는 길에도 깊은 생각에 잠겼다.

'밤에도 배드민턴을 칠 수 있는 방법이 없을까? 골목길, 공터, 학교운동장 등 밤에도 배드민턴을 칠 수 있는 장소는 얼마든지 있는데……'

꾸러기들의 발명잔치 2

그러다가 문득 머리 위로 반짝이는 별빛이 눈에 띄었다.

“그렇지! 바로 그거다.”

갑자기 큰 소리를 치는 바람에 어머니께서 놀라셨는지 한 마디 하셨다.

“아휴, 깜짝이야. 호진아! 너는 왜 그렇게 사람을 놀래 키니?”

“헤헤헤 죄송해요, 엄마. 그렇지만 다음번을 기대하세요. 짠.”

“그래? 엄마를 이길 비법이라도 생각났니?”

“그게 아니고, 엄마가 우릴 이길 비법이 떠올랐어요. 히 히.”

그렇게 말하면서도 호진이는 머리 위의 별빛을 자꾸 바라보고 있었다.

‘그래, 셔틀콕에 불빛이 있으면 가로등이 없어도, 날이 어두워도 배드민턴을 칠 수 있을 거야. 문제는 야광! 저 별빛 같은 야광이다.’


다음 날, 호진이는 아침 일찍 선생님을 찾아갔다.

“선생님, 편리하고 안전한 신호등을 만들고 싶은데요.”

“그래, 설계는 했니?”

“예, 이 설계도를 바탕으로 조립을 할 생각인데…… 잘 안 돼요. 선생님."

"우리 맥가이버께서도 막힐 때가 있나? 어디 보자."

선생님은 호진이의 설계도를 들여다보시고, 설명을 들으며 잘못된 부분을 지적해 주셨다.

"착상이 정말 훌륭하구나. 우리 나라가 교통사고 제2위라던데……. 신호등을 개량한다면 훨씬 안전할 거야. 그런데 이것을 보충하면 어떨까……."

호진이는 선생님의 말씀을 바탕으로 아이디어를 정리하며, 곧장 집으로 향하는 대신 어머니가 운영하시는 문방구로 향했다.

"엄마!"

"응, 어서 오너라. 이제 끝났니?"

"예, 하루종일 꼬마들하고 씨름하시기 힘드시지요?"

호진이의 말에 빙그레 미소를 띄고 호진이를 바라보시던 어머니는 천천히 입을 여셨다.

"그러고 보니 진짜 꼬마였던 우리 호진이가 이젠 정말 청년 같구나. 하긴 뭐, 이제 곧 중학생이 될 테니……."

말 없이 고개를 끄덕이시며 호진이의 손을 꼬옥 잡아주시는 어머니께 호진이는 모처럼 어리광을 피웠다.

"엄마, 사랑해요. 그런 의미에서……. 히히히."

"뭐? 이 녀석. 그럼 그렇지. 알았다. 어쨌든 엄마가 항



꾸러기들의 발명잔치 2

상 옆에서 제대로 돌봐주지 못해 미안하다."

"그건 아니에요. 엄마. 저 필요한 것만 챙겨 갈게요. 히
히."

호진이는 학용품, 접착제, 야광액 등을 주섬주섬 가방
안에 집어넣고 가게를 나섰다.

"엄마, 저 먼저 가서 숙제할게요."

"그래, 엄마는 좀 늦게 갈 테니까, 누나에게 쌀 좀 씻어
서 밥을 앉혀 놓으라고 해라."

"예, 알았어요."


호진이는 집에 도착하자마자 셔틀콕을 찾아 야광액을
바르고, 밤이 되기를 기다렸다.

주위가 어두워지자 셔틀콕에서는 빛이 나기 시작했다.

'됐다. 이제 실험해 보자.'

호진이는 배드민턴 라켓과 셔틀콕을 들고 밖으로 나갔
다. 혼자 연습을 하다 보니 문제점이 생겼다.

'셔틀콕이 약간 무거운데.'

뿐만 아니라, 셔틀콕을 주고받을 때 서로 상대방의 위치
를 알 수 없는 것도 문제였다.

호진이 다시 연구를 하다가, 라켓에도 야광액을 칠하면
좋겠다는 생각을 했다.

또 셔틀콕에 야광액을 칠하면 무거우니까, 고무와 깃털 가운데의 접착제를 떼어내고 그곳에만 야광액을 칠했다.


드디어 밤이 되었다.

"누나, 내가 멋진 것을 보여 줄 테니까 밖에 나가자."

"뭐? 또 무얼로 날 놀리려고 그러는 거지? 안 가!"

"그게 아니고, 진짜야."

마지못해 따라나선 누나를 기다렸다가 호진이는 라켓으로 셔틀콕을 하늘을 향해 올려쳤다.

깜깜한 어둠 속에서도 라켓과 셔틀콕은 별빛보다 몇 배 밝게 빛났다.

꾸러기들의 발명잔치 2

"와, 우리 괴짜가 엄마를 위해 진짜 발명을 했구나. 정말 짱이다!"

"엄마가 좋아하실까? 누나."

"그럼, 정말 좋아하실 거야. 어른들은 운동을 하지 않으면 고혈압, 당뇨 그런 성인병에 걸리신대. 그런데 이젠 그런 걱정 안 해도 되겠다."

"히히히. 됐어!"

호진이는 자신이 마치 셔틀콕이 되어 공중을 나르는 듯 마음이 가볍기만 했다.

'역시, 발명은 위대해!'

저녁 늦게 집으로 들어오시는 어머니와 언제라도 배드민턴을 칠 수 있어서 좋겠다는 생각에 호진이와 영인이는 자꾸 웃음이 나왔다.

그리고 호진이는 눈만 뜨면 또 신호등 생각을 했다.

설계도를 수정해서 다시 조립하고, 작동이 되지 않으면 또 보충하고…….


그럭저럭 두 달이 다 되어서야 개량 신호등을 만들게 되었다.

호진이의 개량 신호등은 기존 신호등의 양쪽에 역순 타이머를 부착하여, 횡단보도를 건너는 보행자나, 측면의 자동차 운전자도 볼 수가 있게 만들어졌다.

"선생님, 한번 보세요."

"오, 그래. 60초 간격으로 타이머가 역순으로 작동한단 말이지? 해봐."

"예, 선생님."

호진이는 모형 신호등을 만들어 점등을 하게 하고, 타이머를 가지고 실험을 시작했다.

"이야, 성공했구나. 호진아! 축하해."

선생님을 비롯해 남일이, 서길이 등 발명반 친구들이 호진이의 실험 결과를 지켜보다가 손뼉을 쳤다.

선생님도 대견하다는 듯 칭찬을 아끼지 않으셨다.

"우리 주변에는 완전하다고 생각되는 발명품들이 많이 있다. 그러나 자세히 살펴보면 또 개량하거나, 보충해야 할 결점들이 있게 마련이란다. 그래서 속담에 '돌다리도 두드려 보고 건너라'는 말이 생겨난 것이다. 이처럼 우리 주변에 문제점이 없는지, 현미경처럼 들여다보는 것이 발명의 시작이 될 수 있다."

호진이는 어깨가 으쓱해져서 크게 심호흡을 했다.



꾸러기들의 발명잔치 2

# 나도 발명가

　　토요일, 학교 수업을 마치고 집으로 돌아가던 남일이의 머릿속에서 선생님의 말씀과, 호진이의 발명품이 떠나지 않았다.

　　'돌다리도 두드려 보라던데, 우리 주변에는 정말 불완전한 것들이 너무 많은 것 같아.'

　　두 동강난 비행기, 백화점 건물 그리고 성수대교, 폭발된 주유소, 추락한 엘리베이터 그리고 학교 안에서 일어나는 각종 안전 사고들……

　　남일이의 머리가 무거워졌다.

　　얼마 전, 놀이터에서 놀다가 구름다리 밑으로 떨어져 다리가 부러진 현석이, 압정에 찔려 피가 났던 동훈이, 또 의자에서 튀어나온 못에 걸려 예쁜 원피스가 찢어졌던 미영이, 연필을 깎다가 칼에 손을 베었던 순국이, 과학 시간에

알코올램프에 손을 데어 펄펄 뛰던 민희 등의 얼굴이 떠올랐기 때문이다.

그러다가 갑자기 깜짝 놀라서 뒤를 돌아보았다.

"빵빵, 빵빠앙……."

"어휴, 깜짝이야."

남일이는 자동차의 시끄러운 경적소리와, 상점에서 틀어놓은 고막이 터질 듯한 소음, 거리마다 다닥다닥 붙어 있는 입간판, 그리고 공중변소나 골목마다 붙여진 광고 포스터들도 사람을 피곤하게 하고, 개량되어야 할 것들 중의 하나라고 생각했다.

'그러고 보면 세상에는 개량하거나 개선되어야 할 것들이 너무나 많군.'

남일이는 다시 천천히 걸음을 옮겼다.


그런데 얼마쯤 더 걸었을 때, 환경미화원 아저씨들이 전주에 붙어 있는 여러 가지 부착물을 칼로 떼어내느라 고생을 하고 계시는 모습이 눈에 들어왔다.

그 중에는 필요한 것들도 있었다.

'애써서 형들이 붙여놓은 아르바이트 광고까지 다 떼어야 할 필요가 있을까? 물물교환 같은 것도 그렇고…….'

남일이는 다소 이상한 눈으로 아저씨들의 손놀림을 보



꾸러기들의 발명잔치 2

나도 발명가

고 있었다.

환경미화원 아저씨들은 '환경정화'라고 하며, 모두 떼어
내고 있었다.

한참 보고 있자니, 아저씨들은 전주의 광고물을 대충 떼
어낸 후, 담장과 건물벽에 있는 광고들도 떼어냈다.

남일이는 흥미가 있어 오랜 시간을 서서 구경하고 있었
다. 그러자 한 아저씨께서 남일이에게 물었다.

"너는 왜 오랫동안 우리가 하는 일을 그렇게 뚫어지게
쳐다보냐?"

남일이는 멋적은 미소를 띠며 말했다.

"제가 보기에는 필요하고 유익한 광고도 있는데, 무조건
다 떼시는 것이 이상하고, 일하시는 모습도 흥미가 있어서
요."

"녀석도, 참! 할 일도 되게 없나 보구나. 허허."

그러면서 얼굴의 땀을 수건으로 닦으시더니 일행에게
소리쳤다.

"어이, 힘드니 좀 쉬었다 합시다."

아저씨들은 일손을 멈추고 그늘에 모여 앉아 쉬면서 잡
담을 하기 시작했다.

때는 이 때라고 생각한 남일이가 아저씨께 말했다.

"저도 한번 해볼까요?"

그러자 아저씨는 손을 내저었다.

"꼬마야 안 된다. 이 작업은 생각보다 힘들고, 잘못하면 칼에 손을 벨 수 있어. 위험해!"

그러나 남일이 계속하여 졸라대자 한 아저씨께서 허락하셨다.

"고집이 대단한 놈이구나. 이리 와봐라."

그 아저씨는 남일이를 곁으로 부르시더니 안전하게 칼자루를 쥐는 방법과 사용법 등을 자세히 일러 주셨다.

남일이는 속으로 생각했다.

'이런 하찮은 일도 꽤 까다롭구나. 하지만 이런 일쯤 식은 죽 먹기지. 뭐! 내가 일하는 솜씨를 보면 놀라실 거야.'

평소에도 손재주가 있어 깔끔하기로 소문난 남일이는 자신 있게 작업을 시작했다.

그런데 막상 일을 해보니 마음대로 되지 않았다.

"어! 이거 쉬운 일이 아니네."

아저씨들이 남일이를 돌아보며 큰 소리로 웃으셨다.

"세상일이 남이 하는 것은 다 쉽고 보잘것 없어 보이지. 그렇지만 본인이 해보면 그제서야 어려움을 깨닫게 되는 거란다."

"애야, 어떤 일이건 그 나름대로 다 기술이 필요한 거야. 그 녀석 참!"



나도 발명가

"허허허, 이제 알겠지?"

남일이는 참으로 좋은 경험을 하였다.

집으로 돌아오는 길에도 남일이는 '어떻게 하면 전주나 담장에 붙어 있는 광고물을 간편하게 제거할 수 있을까?' 하고 곰곰이 생각해 보았다.

잠자리에 누웠을 때, 불현듯 선생님의 말씀이 떠올랐다.

"발명이란 끊임없이 노력할 때만 성공할 수 있는 것이고, 어려움이 있을지라도 좌절하지 않아야 한다. 그리고 빨리 발명품을 만들겠다는 욕심이 있으면 좋은 작품을 만들지 못한다. 우리 주변에 있는 각종 사물을 관찰하면 해결책을 구할 수 있다."

어느 날 학교 수업이 끝난 후, 남일이는 일부러 천천히 각종 공업사가 밀집해 있는 상가 건물을 지나갔다.

전기드릴을 이용하거나 각종 모터를 사용하여 작업을 하는 모습이 눈에 띄었다.

'옳지, 드릴과 모터를 이용하면 좋겠구나.'

남일이는 순간적으로 머릿속에 떠오른 생각들을 도면에 그림으로 그리고, 사용법을 자세히 기록하여 다음 날 선생님께 보여 드렸다.

“오, 남일이가 참으로 기발한 생각을 하였구나.”

선생님은 칭찬을 해주시면서 몇 가지 개선점을 지적하셨다.

남일이는 토요일 오후에 용돈을 가지고 발명에 필요한 물품을 구입하기 위하여 시장으로 갔다.

먼저 플라스틱 가게로 갔다. 그 곳에는 파이프의 종류가 참으로 많았다.

“얘야, 뭘 줄까?”

가게 주인 아저씨의 물음에 한동안 생각하던 남일이가 대답했다.

“아저씨, 지름이 50mm인 것으로 주세요.”

“자, 여기 있다.”

다음에는 곧장 전기기구상회로 가서 모터와 스위치, 전선 등을 구입했다. 모터 또한 종류가 매우 다양했다.

집으로 돌아온 남일이는 플라스틱 파이프를 150mm 크기로 잘랐다. 그리고 쇠톱으로 모터가 들어갈 수 있도록 홈을 팠다. 그런데 파이프를 오려낸 부분은 뚜껑으로 사용해야 하므로 아주 조심해서 오려냈다.

‘자, 이제 모터를 파이프 속에 고정시키고, 전선과 스위치를 설치해 보자!’

작동시켜 본 결과 그럴 듯 하였으나 실제로 광고물을 제



나도 발명가

거하기 위한 실험을 해보았을 때는 뜻대로 되지 않았다.

　이튿날, 어떻게 하면 좋을까 아버지께 여쭈어 보기로 하고 잠이 들었다.


　"아버지, 이것 좀 봐주세요."
　남일이의 설명을 들으신 아버지는 매우 칭찬하셨다.
　"우리 남일이가 샌님처럼 늘 공부만 해서 내심으론 걱정을 했는데, 이젠 발명까지 하는구나."
　"아버지, 제 별명이 샌님인 것은 또 어떻게 아셨지요?"
　"녀석, 어른들은 척 보면 다 아는 수가 있단다. 선비처럼 열심히 책만 읽고 공부만 하다 보면 융통성이 없는 사람이 될 수도 있지. 아무튼 좋은 아이디어다."
　"아버지, 이젠 제가 아버지처럼 선생님이 되지 않아도 좋아요?"
　남일이는 사뭇 진지한 표정을 지어 보이며 고등학교 교사인 아버지의 얼굴을 유심히 들여다보았다.
　"나는 너에게 교사가 되라는 말을 한 적이 없다."
　아버지는 의외라는 듯 고개를 옆으로 저으셨다.
　"교사가 아니라 교수였지요. 헤헤헤. 어쨌든 발명이 너무 재미있어요."
　"아! 그렇지. 와이어 브러시를 사용해 보면 좋겠다."



꾸러기들의 발명잔치 2

“와이어 브러시요? 그게 뭐예요?”

“응, 그건 철사로 만든 솔이란다.”

다음 날, 남일이는 방과 후에 철물점으로 달려갔다.

“아저씨, 와이어 브러시 주세요.”

“그 녀석, 숨 넘어 가겠구나. 여기 있다.”

남일이는 넙죽 받아들고 다시 집까지 달리기 시작했다.
집에 도착하여 와이어 브러시를 적당한 길이로 잘랐다.

‘이제 조립하여 테스트를 해볼까?’

마침내 완성된 발명품을 사용하여 실험을 했다. 아주 잘
되었다.

‘성공이다! 그런데 좋아하기는 아직 이른 걸.’

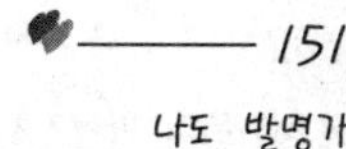 151

단단히 붙어 있는 벽지를 제거하기에는 힘이 들었던 탓이다.

'무슨 좋은 수가 없나?'

궁리를 하던 남일이는 어느 날, 어머니께서 다림질을 하시는 것을 보았다.

'앗! 바로 저거다.'

남일이는 어머니가 사용하시던 스프레이를 호스와 연결하고 발명품에 조립했다.

'히히히, 이제야말로 진짜 완성이다.'

사용해 보던 남일이는 기분이 너무 좋아서 히죽히죽 웃고 다녔다.


그리고 그 다음 날, 남일이는 자신이 만든 발명품을 가지고 학교로 갔다.

"선생님, 드디어 성공했어요. 한번 보시지요. 히죽!"

남일이에게서 발명품을 받아든 선생님은 입을 쩍 벌리시며 눈을 크게 뜨시더니 말씀하셨다.

"아니, 이럴 수가?"

"선생님, 뭐가 잘못 되었나요?"

남일이와 호진이, 그리고 옆에 있던 친구들도 모두 놀라 눈을 둥그렇게 떴다.


꾸러기들의 발명잔치 2

"허허허, 속았지롱! 남일이가 이렇게 좋은 발명품을 만들었으니 이제 샌님 딱지를 떼어야 될 것 같아서……. 흐흐흐`."

"와, 선생님이 맹구 같아요. 헤헤헤."

서길이의 말에 선생님과 아이들은 또 한바탕 크게 웃었다. 호진이가 점잖게 나섰다.

"선생님께서 맹구가 뭐니? 맹구가! 혹 짱구라면 몰라도……. 후후후. 용서하세요, 선생님."

이번에는 남일이가 선생님처럼 호진이를 향해 호통을 쳤다.

"그러다가 너 짤려!"

"이 나쁜 개구리들아, 빨리 가서 자리에 앉아."

마침내 선생님께서 화난 목소리로 말씀하시자, 개구리처럼 뛰어 제자리로 간 일명 개구리반 아이들은 쥐죽은 듯 조용해졌다.

그러자 주위를 쫘악 둘러보신 선생님이 남일이를 지적했다.

"강남일! 일어서."

"예, 선생님."

남일이가 선생님의 눈치를 살피며 슬그머니 자리에서 일어나자, 선생님은 갑자기 표정을 바꾸시며 익살스럽게 말

씀하셨다.

"모두 박수! 흐흐흐 놀랬지?"

아이들은 모두 손뼉을 치며 웃고, 남일이는 뒷머리를 긁
적거리며 소리 없이 앉았다. 선생님께서 말씀을 계속했다.

"에, 다시 말하거니와 발명이란 이처럼 누구나 할 수 있
다. 발명하고는 전혀 상관이 없는 것처럼 생각했던 남일이
가 벌써 두 번째 작품을 만든 것만 봐도 좋은 증거가 될 것이
다. 그러므로 우리 개구리반은 이제부터 어떤 사물을 대하
든지, 그리고 무엇을 보든 자세히 관찰하고 여러 각도에서
생각하여, 한 사람도 그냥 넘어가는 사람이 없기를 바란다.
모두 발명가가 되라는 것은 아니지만, 에…… 발명이란 상상



꾸러기들의 발명잔치 2

력과 창의력과 관찰력 그리고 끈기와 노력이 요구된다는 것
이다. 더하기, 빼기도 발명이고, 모양을 바꾸거나 크게 혹
은 작게, 그리고 재료를 바꾸는 것도 발명이다. 발명이란 무
엇보다도 고정관념을 깨는 데서부터 시작된다. 예를 들자
면……."

그 때 엉뚱하기로 유명한 석천이가 손을 번쩍 들었다.

"선생님, 저희 어머니께서 고정관념을 깬 유명한 일화가
있는데요."

"그래? 어디 설명해 봐!"

"할머니께서 시집오실 때부터 간직해 두신 요강이 있었
는데요, 어느 날 밭에서 돌아오신 어머니가 들꽃을 한아름
꺾어다가 요강에 꽂았대요."

"뭐? 요강을 화병으로 썼단 말이지? 언젯적 이야기냐?"

"우습지 않으세요? 바로 금년 봄 이야기인데요."

웃음을 참다 못한 선생님은 석천이의 표정을 보다가 기
어이 웃음을 터뜨리고 말았다.

"와하하하, 알았다. 석천아!"

그제서야 교실 안은 웃음바다로 변해 '낄낄낄, 까르륵'
하고 웃음을 터뜨리는 개구리반 아이들의 웃음소리로 떠나
갈 듯 소란스러워졌다.

"이번 겨울 방학은 숙제가 없다. 그 대신 관찰 기록부와


나도 발명가

발명·발견 일지를 써보도록. 끝."

　　선생님의 말씀에 아이들은 저마다 무엇을 관찰할지 생
각하기에 바빠졌다.

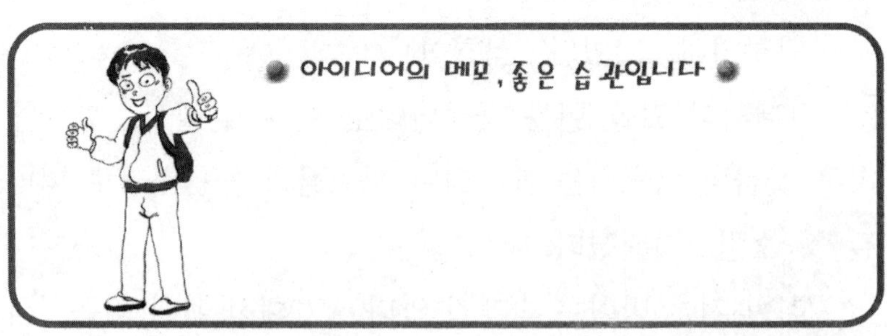

# 즐거운 겨울방학

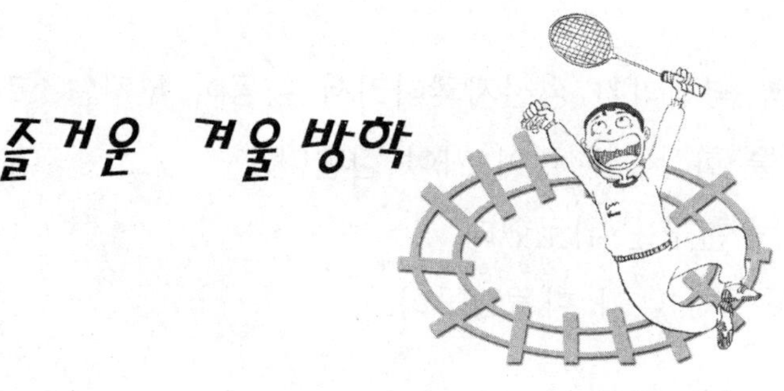

　　겨울방학이 시작되자, 영인이는 제일 먼저 한반의 친구인 명희네 집에 놀러갔다.

　　평소에도 가보고 싶었으나 학교생활이 바빠 미루어 오다가 방학이 되어서야 실행에 옮길 수 있었다.

　　"영인아, 어서 와! 우리 집은 별로 좋지도 않은데."

　　"무슨 소리야, 명희야! 집만 좋은데, 너희 집은 우리 아파트보다 조용하고 넓은 뜰이 있어서 좋구나."

　　영인이는 명희의 방에서 즐겁게 이야기하며 놀고 있었다. 그런데 명희를 다급하게 부르는 소리가 들렸다.

　　"누나!"

　　그 소리에 명희는 벌떡 일어나서 방을 나섰다.

　　"영인아, 잠시만 기다려."

　　한참 후, 동생 방에서 돌아온 명희는 미안하다며 이렇게 말했다.

"내 동생 명석이가 정신지체아라서 행동이 부자연스러워 누군가 늘 화장실에 같이 가야 한단다."

영인이는 친구를 위로했다.

"동생 때문에 네가 힘들겠구나."

집에 돌아온 영인이의 머릿속으로 크고 까만 눈을 가진 귀여운 명석이의 부자유스러운 모습이 자꾸 맴돌았다.

'어떻게 하면 명석이에게 도움을 줄 수 있을까?'

영인이는 고민을 하기 시작했다. 그러다가 평소에 선생님께 들은 말씀이 기억났다.

"우리가 세상을 살아가다 보면 '어떤 것이 있으면 참 편리할 텐데……'라고 생각하는 것이 있지요. 그것을 만들어 보세요. 그게 곧 발명입니다."

그 순간 영인이의 머릿속으로 번쩍 스쳐가는 생각이 있었다.

'그래, 명석이가 앉아서 편리하게 사용할 수 있는 책상을 만들면 되겠어!'

며칠 후, 영인이는 엄마를 졸라 동생 호진이까지 데리고 재활학교에 갔다.



꾸러기들의 발명잔치 2

“엄마, 그들이 그렇게 고통받는 줄 몰랐어요. 너무 안타까워요.”

집으로 돌아오는 길에 호진이가 말했다. 영인이도 너무 큰 충격을 받았다.

“그래, 우리가 생각했던 것 이상으로 어렵구나.”

영인이가 본 그들의 장애는 뇌성마비인데 연필을 잡고 ‘가’자 한 자를 쓰는 데 온몸을 떨며 몸부림을 쳤다.

또한 선생님의 질문에 목과 입을 뒤틀며 뭐라고 혼자서 중얼거리고 있었다.

호진이는 방금 전에 본 충격적인 장면을 떠올리며 혼잣말처럼 말했다.

“그들을 불쌍하고 안타깝게만 생각할 것이 아니라 뭔가 도와줘야겠어!”

영인이 또한 재활원 선생님의 말씀을 떠올리고 있었다.

“장애인이 어떤 점을 가장 불편해 하는가를 잘 살펴보면 무언가 얻어지는 것이 있을 거야.”

그러면서 명석이를 위해 좀더 편안한 의자를 만들어야겠다는 의무감도 생겼다.

영인이는 호진이와 함께 의논해 가며 서로가 마음속에 생각한 것을 만들어 장애인을 돕기로 했다.

“호진아, 나는 누나 친구 집에 간다. 그곳에 가면 뭔가



즐거운 겨울방학

힌트가 있을 거야.”

“알았어, 누나! 나도 재활학교를 다시 가서 좀더 자세히 관찰할 생각이야.”

“누나 먼저 간다.”

“응, 알았어.”

명석이를 보면서 동생의 존재가 더욱 소중하게 생각된 영인이는 호진이에게 한층 자상하고 부드러워져 있었다.

영인이는 명희에게 갔다.

“명희야, 평소 명석이가 불편해 하는 점이 뭐니? 있으면 말해 줘.”

한동안 잠자코 있던 명희가 말했다.

“그건 생리 현상이야. 동생의 생리 현상이 가장 큰 문제지.”

명희의 말을 들으면서 영인은 그제서야 자신감이 생겼다.

‘그렇지, 바로 그거야! 책상을 설계하는 데, 용도에 따라 필요한 벨을 설치하면 되겠어.“

영인이는 몇 가지 더 질문한 뒤에 명희의 집을 나섰다.

‘종류는 세 가지면 되겠어. 음식이 먹고 싶을 때, 화장실



꾸러기들의 발명잔치 2

에 가고 싶을 때, 그리고 다른 목적을 표현할 때.' 그러면서 또 한 가지의 새로운 아이디어가 떠올랐다.

'혹시 공부하다가 졸 때 책상에서 떨어지지 않도록 책상과 걸상을 일체화시켜 하나로 만드는 거야.'

집으로 돌아온 영인은 지금까지의 생각을 설계도에 옮겼다. 그러면서도 재활학교 교사의 말을 잊지 않았다.

"장애인들은 자신이 할 일을 거의 할 수 없으므로 정상적인 사람들이 대신 해주어야 하고, 모든 물건은 부딪쳐도 상처를 입지 않도록 둥글게 배려해야 한단다."

그래서 영인이는 책상에 홈을 판 후, 굵은 끈을 나사못으로 고정하고, 걸상 등받이에도 홈을 파 그 속에 걸이를 설치하여 부주의로 책상에서 떨어지지 않도록 설계했다

영인이는 완성된 설계도를 들고 명희에게 가서 보여 주었다.

"어머, 아주 편리한 책상이구나. 영인아, 고맙다. 그런데 한 가지 더 어려운 점이 있단다."

설계도를 보며 명희가 말했다.

"그래? 무엇인지 말해 줘."

"명석이의 책상 위에 놓인 필기구 등 사소한 물품들이 바닥에 자주 떨어져 공부를 제대로 할 수 없어."

명희의 말을 들은 영인이는 새로운 고민에 빠졌다.

'어떻게 하면 좋을까? 필기구에 자석을 붙여 볼까? 삼각형의 케이스를 만들어 씌워 볼까?'

그러나 문제점을 해결할 방법이 없었다. 영인이는 생각다 못해 좀더 여유를 갖고 생각해 보기로 하고 미루었다.

"호진아, 나는 벽에 부딪쳤다. 너는 어때?"

영인의 말에 호진이는 그간의 경과를 자세히 설명했다.

"누나, 내가 재활학교를 찾아가 글씨 쓰기를 시험해 봤는데, 우리들처럼 연필을 꽉 잡고 쓰는 것이 손의 떨림이 적다는 것을 알아냈어. 그래서 연필에 무엇인가 붙여 손 안에 꽉 잡을 수 있게 하려고 지점토를 구해 왔지. 지압을 할 수


꾸러기들의 발명잔치 2

있는 돌기도 붙일 생각이야.”

그러면서 호진이는 필통 뚜껑을 열었다. 그 안에는 필기구가 가득 들어 있었다. 호진이는 연필을 꺼내 종이 위에 ‘장애인을 위한 필기구’라고 쓰고 그림을 그리기 시작했다.

무심코 그 광경을 보고 있던 영인의 머릿속에 무엇인가 쿵하고 울리는 것 같은 느낌이 든 것은 그 때였다.

‘맞았어. 바로 그거다. 우리가 필기구를 필통 속에 넣어 가지고 다니는 것은 우연이 아니야!’

힌트를 얻은 영인은 책상에 사각형 홈을 파 필기구가 떨어지지 않도록 보완했다.

‘이렇게 간단한 것을 일찍 생각하지 못했다니, 참 우스워!’

영인은 또 다시 불편한 점을 찾아보았다. 책상 밑부분의 발판을 넓게 하였으며, 책결상의 높이도 필요에 따라 조절할 수 있게 하였다.

또한 책결상 밑부분 기둥에는 바퀴를 달아 이동할 수 있게 하였다.


여러 가지를 보충하여 설계도를 다시 그린 후, 아버지께 보여드렸더니 ‘영인이의 아이디어가 참 대견스럽구나’하고 칭찬하셨다.


즐거운 겨울방학

"영인아, 앞으로도 우리 주위에 살고 있는 장애인들을 위해 많은 발명품을 만들어 주어라."

아버지의 곁에서 누나의 설계도를 유심히 들여다보던 호진이도 한 마디 했다.

"역시, 우리 박씨 집안의 피는 못 속여요. 누난 정말 대단한 발명가야. 히히히. 다음 편도 기대해!"

다음 날, 영인은 설계도를 명희에게 갖다 주었다. 그러자 명희 아버지께서 그 설계도를 보신 후 영인이를 초청하셨다.

"안녕하셨어요?"

"오냐, 네가 영인이구나. 우리 아들을 위해 이런 좋은 책상을 설계해 주어 너무 고맙다."

영인의 설계도대로 명희 아버지께서 제작한 발명품은 명석이가 편리하게 사용하게 되었다.

영인이는 마치 자기 동생의 일처럼 기뻤다.

장애인을 위한 필기구를 만들고 있던 호진이는 의사 소통의 문제로 고민에 빠져 있었다.

'어떻게 서로의 신호를 보내지?'

호진이로서는 도저히 해결할 수 없는 문제로 여겨졌다.



꾸러기들의 발명잔치 2

그러나 몸을 뒤틀면서 고통을 받고 있는 그들을 생각하니 도저히 포기할 수도 없었다.

'이거 참, 진퇴양난이군. 앞으로 갈 수도 없고, 뒤로 물러날 수도 없고……'

그러던 어느 날, 호진이는 우연히 아빠와 함께 수원역에 가게 되었다.

"호진아, 아빠랑 같이 표 끊으러 가자."

"예, 아빠. 할머니 댁에 보내주실 거죠?"

"그래, 더 추워지기 전에 누나랑 한번 다녀오너라."

"예, 알았어요."

그런데 수원역 부근에서 호진이의 눈에 확 들어오는 것이 있었다. 그것은 바로 광고판이었다.

"아! 바로 저것이다. 빛의 신호!"

호진이는 아버지 친구분의 도움으로 그 광고판의 원리가 발광 다이오라는 것을 알았다. 그리고 그 분의 도움을 받아 연결 손잡이에 3개의 스위치를 달고, 조그만 빨대를 이용하여 발광다이오 전구를 안테나처럼 뽑아 올렸다.

스위치를 누를 때마다 빨강, 파랑, 녹색의 불빛이 반짝거렸다.

호진이는 남일이와 서길이를 비롯한 가까운 친구들과



즐거운 겨울방학

꾸러기들의 발명잔치 2

상의한 끝에 빨강은 '질문 있음', 파랑은 '찬성합니다', 녹색은 '화장실에 가고 싶어요' 등으로 정했다.

그런데 또 문제가 생겼다. 빛으로 여러 가지 신호를 보내지만 이 빛이 선생님이나 친구들의 눈에 쉽게 띄지 않는다는 것이었다.

그런데 "뜻이 있으면 길이 있다"는 속담처럼 이 문제도 곧 해결되었다.

호진이는 지난번 이모의 결혼식 때 받았던 결혼 축하 카드에서 울려나오던 멜로디를 생각해 낸 것이다.


드디어 모든 것이 끝났다.

호진이는 아버지와 누나, 남일이와 서길이가 보는 가운데 실험을 해보았다.

먼저 멜로디로 사람들의 시선을 집중시킨 다음, 1, 2, 3번의 버튼을 눌렀다. 그 순간 빨강, 파랑, 녹색 불빛이 반짝거렸다.

"와, 성공, 대성공이다."

호진이의 집은 떠나갈 듯했다.

"방학이 끝나면 선생님을 깜짝 놀라게 해드리게 됐어. 히히."

호진이의 말에 모두들 웃었다. 그 후 이 필기구는 몸체

를 무거운 지점토에서 가벼운 나무로 바꾸었다.

호진이는 홀가분한 마음으로 누나와 함께 아버지의 승용차에 올랐다.

"엄마, 다녀오겠습니다."

"그래, 할머니께 안부 전해 드리고, 말썽부리지 마라."

"엄마도 참, 제가 어린아이인가요? 이제 곧 중학생이 되는데요, 헤헤."

호진이와 어머니의 이야기를 듣고 있던 영인이 말했다.

"엄마, 기차 시간 다 되었어요."

"알았다. 동생 잘 돌봐 주고, 어서 다녀오너라."

호진이와 영인이를 실은 아빠의 승용차는 스르르 미끄러지며 집 앞을 떠나 역으로 향했다.

창 밖으로 얇은 솜을 찢어 놓은 듯한 눈발이 하나 둘씩 소리 없이 내려앉기 시작했다.

"일주일만 있다가 오너라."

"가 봐서요. 아빠, 할머니께서 좀더 있으라고 하시면 더 있을게요."

"그래, 아무튼 가서 전화해라."

손을 흔드시는 아버지의 모습이 점점 멀어지고, 기차는 어느새 속력을 내며 달려가고 있었다.



꾸러기들의 발명잔치 2

호진이는 꿈속에서 할머니와 함께 비닐 하우스 속의 고추 모종을 옮겨 심고 있었다.

"할머니, 허리 아프니까 천천히 하세요."

"괜찮아, 빨리 가꾸어서 주렁주렁 고추가 열리는 것을 봐야지."

'그런데 고추 모종을 쉽게 할 수 있는 방법은 없나?'

쪼그리고 앉아서 손으로 일일이 구멍을 파던 호진이는 생각에 잠겼다.

"그렇지, 연탄집게야! 연탄집게와 같이 만들어 모종삽을 붙이면 되겠어. 그래서 무너지지 않게 구멍을 파야지. 연탄집게, 연탄집게야!"

그 때 누군가 호진이의 어깨를 흔들었다.

　　“호진아, 연탄 갈 일 있니? 어서 일어나! 할머니 댁에 다 왔어.”

　　“뭐, 벌써 익산이야?”

　　졸리는 눈을 비비며, 호진이는 창 밖으로 쏟아지는 눈송이를 보았다.

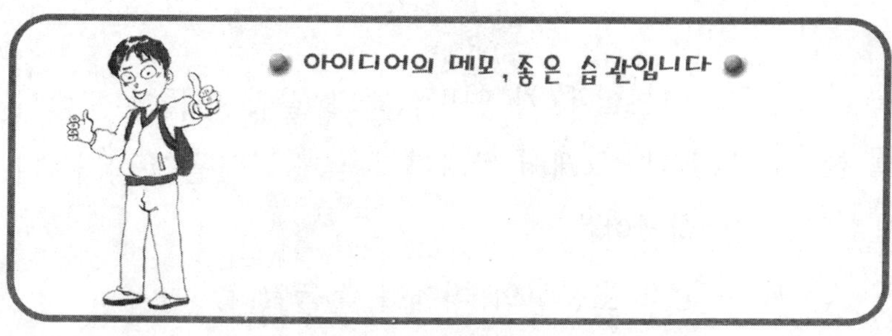

꾸러기들의 **발명잔치** 2

•

처음 찍음 / 2000년 2월 25일
처음 펴냄 / 2000년 3월 2일

•

엮은이 / 왕 연 중
펴낸이 / 이 방 원
펴낸곳 / 세창출판사

주소 / 서울특별시 종로구 교남동 47-2

전화 / 723-8660   팩스 / 720-4579

e-mail / sc1992@mail.hitel.net

homepage / www.sechangpub.co.kr

등록 / 1990. 10. 8 제2-1068호(윤)

•

값 5,000 원

＊잘못 만들어진 책은 바꾸어 드립니다.

ISBN  89-8411-026-4   04000

세창

# 1920년대 한국사회주의운동연구
서울파 사회주의그룹의 노선과 활동

초판 1쇄 발행  2006년  5월  30일
    2쇄 발행  2007년  7월  31일

지은이  전명혁
펴낸이  윤관백
편  집  이혜영
표  지  김지학
펴낸곳  선인

등  록  제5-77호(1998. 11. 4)
주  소  서울시 마포구 마포동 324-1 곳마루B/D 1층
선  화  02) 718-6252
팩  스  02) 718-6253
E-mail  sunin72@chol.com

정가 · 25,000원
ISBN  89-5933-046-9  93900

· 저자와의 협의에 의해 인지 생략.
· 잘못된 책은 바꾸어 드립니다.

# 1920년대 한국사회주의운동연구

## - 서울파 사회주의그룹의 노선과 활동 -